まえがき

JN094578

　新学習指導要領の改訂により、小学校で学ぶ内容は英語なども加わり多岐にわたるようになりました。しかし、算数や国語といった教科の大切さは変わりません。

　そして、算数の力を身につけるためには、学校の授業で学んだことを「くり返し学習する」ことが大切です。ただ、学校では学ぶことはたくさんあるけれど、学習時間は限られているため、家庭での取り組みが一層大切になってきます。

ロングセラーをさらに使いやすく

　本書「陰山ドリル　初級算数」は、算数の基礎基本が身につくドリルです。

　長年、小学生や保護者の皆さんに支持されてきました。それは、「家庭」で「くり返し」、「取り組みやすい」よう工夫されているからです。

　今回、指導要領の改訂に合わせ、内容の更新を行うとともに、さらに新しい工夫を加えています。

陰山ドリル初級算数のポイント

・図などを用いた「わかりやすい説明」
・「なぞり書き」で学習をサポート
・大切な単元には理解度がわかる「まとめ」つき

　つまずきを少なくすることで「算数の苦手意識」をなくし、できたという「達成感」が得られるようになります。

　本書が、お子様の学力育成の一助になれば幸いです。

陰山英男・桝谷雄三

も　く　じ

1 すうじの　れんしゅうを　しましょう。

いち	1	1			
に	2	2			
さん	3	3			
し	4	4			
ご	5	5			

2 いくつですか。すうじを　かきましょう。

①

②

③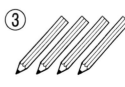

5までのかず (2)

1 すうじの れんしゅうを しましょう。

い ち	1	1			
に	2	2			
さ ん	3	3			
し	4	4			
ご	5	5			

2 いくつですか。すうじを かきましょう。

①

②

③

5までのかず (3)

なまえ

1 いちごは　いくつですか。すうじを　かきましょう。

 ①いちごが　あります。

②ひとつ　たべました。

③また　ひとつ　たべました。

2 すうじの　れんしゅうを　しましょう。

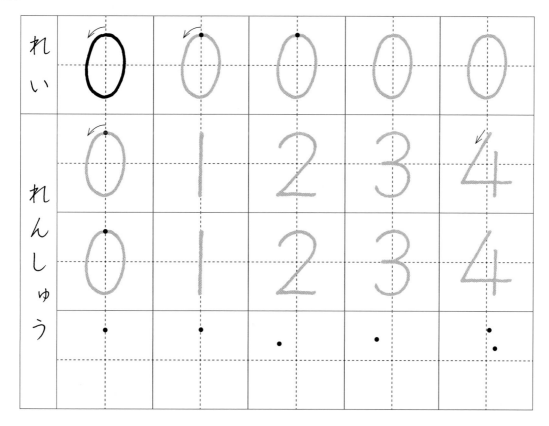

5までのたしざん (1)

なまえ

1 あわせると　なんこですか。

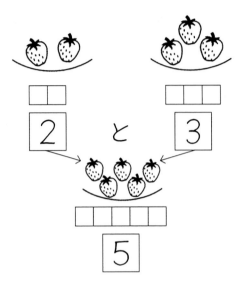

2 と 3

5

かきじゅん

しき

$$2 + 3 = 5$$
に　たす　さん　は　ご

こたえ　　5こ

2 しきを　なぞりながら　よみましょう。

① $1 + 1 = 2$

② $1 + 2 = 3$

がつ　　にち

🌸　しきを　なぞってから　けいさんを　しましょう。

① $1 + 3 =$

② $1 + 4 =$

③ $2 + 1 =$

④ $2 + 2 =$

⑤ $2 + 3 =$

⑥ $3 + 1 =$

⑦ $3 + 2 =$

⑧ $4 + 1 =$

5までのたしざん (3)

なまえ

🌸　しきを　なぞってから　けいさんを　しましょう。

① 1 + 1 =

② 1 + 2 =

③ 1 + 3 =

④ 1 + 4 =

⑤ 2 + 1 =

⑥ 2 + 2 =

⑦ 2 + 3 =

⑧ 3 + 1 =

⑨ 3 + 2 =

⑩ 4 + 1 =

5までのたしざん (4)

なまえ

 けいさんを しましょう。

① 1 + 1 =

② 1 + 2 =

③ 1 + 3 =

④ 1 + 4 =

⑤ 2 + 1 =

⑥ 2 + 2 =

⑦ 2 + 3 =

⑧ 3 + 1 =

⑨ 3 + 2 =

⑩ 4 + 1 =

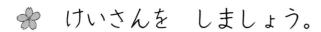

🌸 けいさんを　しましょう。

① 1 ＋ 1 ＝

② 1 ＋ 3 ＝

③ 2 ＋ 1 ＝

④ 3 ＋ 2 ＝

⑤ 1 ＋ 2 ＝

⑥ 2 ＋ 3 ＝

⑦ 4 ＋ 1 ＝

⑧ 2 ＋ 2 ＝

⑨ 1 ＋ 4 ＝

⑩ 3 ＋ 1 ＝

5までのたしざん ⑹

なまえ

🌸 けいさんを しましょう。

① 2＋2＝

② 1＋2＝

③ 3＋1＝

④ 1＋4＝

⑤ 2＋1＝

⑥ 1＋3＝

⑦ 4＋1＝

⑧ 3＋2＝

⑨ 1＋1＝

⑩ 2＋3＝

なまえ

🌸 けいさんを　しましょう。

① $3 + 1 =$

② $1 + 2 =$

③ $2 + 3 =$

④ $1 + 1 =$

⑤ $3 + 2 =$

⑥ $1 + 3 =$

⑦ $2 + 2 =$

⑧ $4 + 1 =$

⑨ $1 + 4 =$

⑩ $2 + 1 =$

5までの ひきざん (1)

なまえ

1 のこりは　なんびきですか。

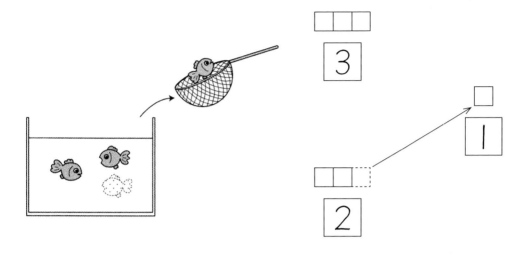

しき

3 － 1 ＝ 2
さん ひく いち は に

こたえ　　2ひき

2 しきを　なぞりながら　よみましょう。

① 2 － 1 ＝ 1

② 3 － 1 ＝ 2

5までのひきざん (2)

なまえ

🌸　しきを　なぞってから　けいさんを　しましょう。

① 3 − 2 =

② 4 − 1 =

③ 4 − 2 =

④ 4 − 3 =

⑤ 5 − 1 =

⑥ 5 − 2 =

⑦ 5 − 3 =

⑧ 5 − 4 =

5までのひきざん (3)

🌸 しきを　なぞってから　けいさんを　しましょう。

① 2 − 1 =

② 3 − 1 =

③ 3 − 2 =

④ 4 − 1 =

⑤ 4 − 2 =

⑥ 4 − 3 =

⑦ 5 − 1 =

⑧ 5 − 2 =

⑨ 5 − 3 =

⑩ 5 − 4 =

5までのひきざん (4)

なまえ

🌸 けいさんを　しましょう。

① 2 − 1 =

② 3 − 1 =

③ 3 − 2 =

④ 4 − 1 =

⑤ 4 − 2 =

⑥ 4 − 3 =

⑦ 5 − 1 =

⑧ 5 − 2 =

⑨ 5 − 3 =

⑩ 5 − 4 =

5までのひきざん (5)

 なまえ

 けいさんを　しましょう。

① 4 － 1 ＝

② 3 － 2 ＝

③ 5 － 3 ＝

④ 4 － 2 ＝

⑤ 5 － 1 ＝

⑥ 4 － 3 ＝

⑦ 3 － 1 ＝

⑧ 5 － 4 ＝

⑨ 2 － 1 ＝

⑩ 5 － 2 ＝

なまえ

 けいさんを しましょう。

① $3 - 2 =$

② $4 - 3 =$

③ $5 - 1 =$

④ $4 - 2 =$

⑤ $5 - 3 =$

⑥ $3 - 1 =$

⑦ $5 - 2 =$

⑧ $4 - 1 =$

⑨ $5 - 4 =$

⑩ $2 - 1 =$

5までのひきざん (7)

🌸　けいさんを　しましょう。

① $2 - 1 =$

② $4 - 2 =$

③ $5 - 3 =$

④ $3 - 2 =$

⑤ $5 - 1 =$

⑥ $4 - 3 =$

⑦ $3 - 1 =$

⑧ $5 - 2 =$

⑨ $4 - 1 =$

⑩ $5 - 4 =$

9までのかず (1)

なまえ

1　すうじの　れんしゅうを　しましょう。

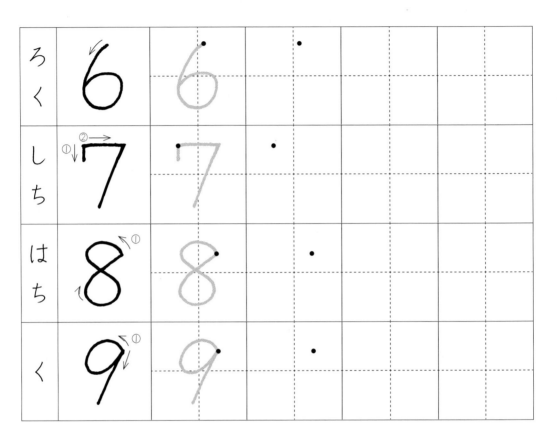

2　いくつですか。すうじを　かきましょう。

①

②

9までのかず (2)

なまえ

1 すうじの れんしゅうを しましょう。

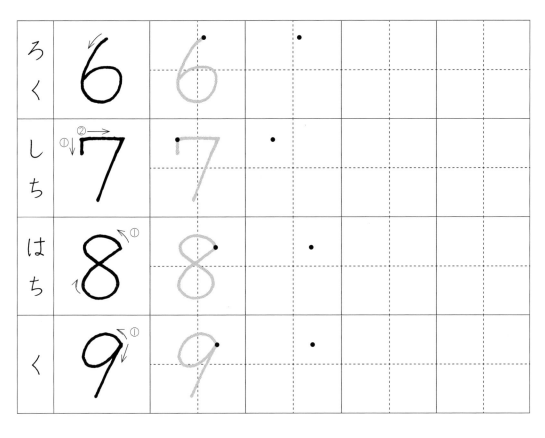

ろく

しち

はち

く

2 いくつですか。すうじを かきましょう。

①

②

1 あわせると　なんこですか。

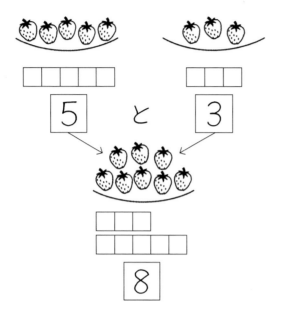

しき

$$5 + 3 = 8$$

こたえ　8こ

2 しきを　なぞりながら　よみましょう。

① $1 + 5 = 6$

② $1 + 6 = 7$

9までのたしざん (2)

なまえ

🌸　しきを　なぞりながら　よみましょう。

① 1 ＋ 7 ＝ 8

② 1 ＋ 8 ＝ 9

③ 2 ＋ 4 ＝ 6

④ 2 ＋ 5 ＝ 7

⑤ 2 ＋ 6 ＝ 8

⑥ 2 ＋ 7 ＝ 9

⑦ 3 ＋ 3 ＝ 6

⑧ 3 ＋ 4 ＝ 7

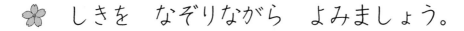
9までのたしざん ⑶

なまえ

🌸 しきを なぞりながら よみましょう。

① 3 + 5 = 8

② 3 + 6 = 9

③ 4 + 2 = 6

④ 4 + 3 = 7

⑤ 4 + 4 = 8

⑥ 4 + 5 = 9

⑦ 5 + 1 = 6

⑧ 5 + 2 = 7

なまえ

🌸　しきを　なぞりながら　よみましょう。

① 5＋3＝8

② 5＋4＝9

③ 6＋1＝7

④ 6＋2＝8

⑤ 6＋3＝9

⑥ 7＋1＝8

⑦ 7＋2＝9

⑧ 8＋1＝9

なまえ

🌸　けいさんを　しましょう。

① $1+5=$　　② $1+6=$

③ $1+7=$　　④ $1+8=$

⑤ $2+4=$　　⑥ $2+5=$

⑦ $2+6=$　　⑧ $2+7=$

⑨ $3+3=$　　⑩ $3+4=$

⑪ $3+5=$　　⑫ $3+6=$

⑬ $4+2=$

なまえ

 けいさんを しましょう。

① $4+3=$

② $4+4=$

③ $4+5=$

④ $5+1=$

⑤ $5+2=$

⑥ $5+3=$

⑦ $5+4=$

⑧ $6+1=$

⑨ $6+2=$

⑩ $6+3=$

⑪ $7+1=$

⑫ $7+2=$

⑬ $8+1=$

9までの たしざん まとめ (1)

なまえ

🌸 けいさんを　しましょう。　　　　　　　　（1つ 10 てん）

① 2＋4＝

② 1＋6＝

③ 3＋5＝

④ 6＋2＝

⑤ 5＋4＝

⑥ 1＋7＝

⑦ 4＋4＝

⑧ 6＋3＝

⑨ 2＋6＝

⑩ 5＋2＝

てん

なまえ

 がつ　　にち

🌸 けいさんを　しましょう。　　　　　　（1つ10てん）

① 4＋5＝　　　　② 7＋1＝

③ 5＋3＝　　　　④ 3＋4＝

⑤ 8＋1＝　　　　⑥ 7＋2＝

⑦ 4＋3＝　　　　⑧ 3＋6＝

⑨ 2＋5＝　　　　⑩ 3＋3＝

てん

9までのひきざん (1)

なまえ

1 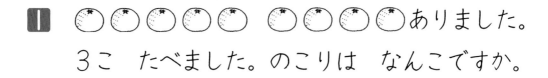 ありました。

3こ たべました。のこりは なんこですか。

たべました

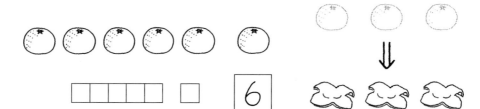

しき

$$9 - 3 = 6$$

こたえ　6こ

2 しきを なぞりながら よみましょう。

① 6 - 1 = 5

② 6 - 2 = 4

9までのひきざん (2)

なまえ

🌸　しきを　なぞりながら　よみましょう。

① $6 - 3 = 3$

② $6 - 4 = 2$

③ $6 - 5 = 1$

④ $7 - 1 = 6$

⑤ $7 - 2 = 5$

⑥ $7 - 3 = 4$

⑦ $7 - 4 = 3$

⑧ $7 - 5 = 2$

なまえ

🌸　しきを　なぞりながら　よみましょう。

① $7 - 6 = 1$

② $8 - 1 = 7$

③ $8 - 2 = 6$

④ $8 - 3 = 5$

⑤ $8 - 4 = 4$

⑥ $8 - 5 = 3$

⑦ $8 - 6 = 2$

⑧ $8 - 7 = 1$

9までのひきざん (4)

なまえ

✿ しきを なぞりながら よみましょう。

① $9 - 1 = 8$

② $9 - 2 = 7$

③ $9 - 3 = 6$

④ $9 - 4 = 5$

⑤ $9 - 5 = 4$

⑥ $9 - 6 = 3$

⑦ $9 - 7 = 2$

⑧ $9 - 8 = 1$

なまえ

🌸 けいさんを しましょう。

① 6 - 1 =   ② 6 - 2 =

③ 6 - 3 =   ④ 6 - 4 =

⑤ 6 - 5 =   ⑥ 7 - 1 =

⑦ 7 - 2 =   ⑧ 7 - 3 =

⑨ 7 - 4 =   ⑩ 7 - 5 =

⑪ 7 - 6 =   ⑫ 8 - 1 =

⑬ 8 - 2 =

9までのひきざん (6)

なまえ

🌸 けいさんを　しましょう。

① $8 - 3 =$　　　　② $8 - 4 =$

③ $8 - 5 =$　　　　④ $8 - 6 =$

⑤ $8 - 7 =$　　　　⑥ $9 - 1 =$

⑦ $9 - 2 =$　　　　⑧ $9 - 3 =$

⑨ $9 - 4 =$　　　　⑩ $9 - 5 =$

⑪ $9 - 6 =$　　　　⑫ $9 - 7 =$

⑬ $9 - 8 =$

なまえ

🌸 けいさんを しましょう。 （1つ 10 てん）

① 6 − 5 =   ② 7 − 4 =

③ 9 − 2 =   ④ 8 − 6 =

⑤ 6 − 3 =   ⑥ 7 − 2 =

⑦ 9 − 3 =   ⑧ 8 − 5 =

⑨ 7 − 3 =   ⑩ 6 − 2 =

てん

…………… がつ　　にち

🌸 けいさんを　しましょう。　　　　　　（1つ 10 てん）

① $8 - 3 =$　　　　② $9 - 4 =$

③ $8 - 1 =$　　　　④ $7 - 5 =$

⑤ $6 - 4 =$　　　　⑥ $9 - 5 =$

⑦ $8 - 4 =$　　　　⑧ $9 - 7 =$

⑨ $8 - 2 =$　　　　⑩ $7 - 6 =$

てん

なまえ

1 ☐ は　なんこ　ありますか。

こたえ _____

2 10は、いくつと　いくつですか。

①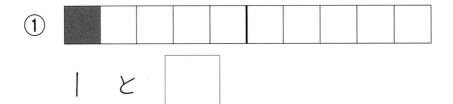

1　と　☐

②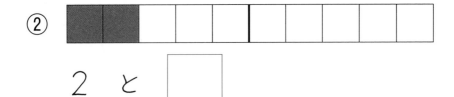

2　と　☐

③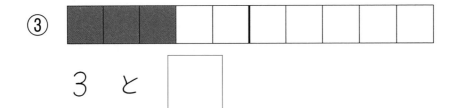

3　と　☐

④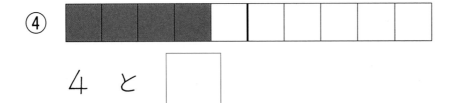

4　と　☐

10 になるかず (2)　なまえ

🌸　10は、いくつと　いくつですか。

①

5　と　□

②

6　と　□

③

7　と　□

④

8　と　□

⑤

9　と　□

10 になる たしざん (1)

なまえ

❀　しきを　なぞりながら　よみましょう。

① $1 + 9 = 10$　② $2 + 8 = 10$

③ $3 + 7 = 10$　④ $4 + 6 = 10$

⑤ $5 + 5 = 10$　⑥ $6 + 4 = 10$

⑦ $7 + 3 = 10$　⑧ $8 + 2 = 10$

⑨ $9 + 1 = 10$

10 になるたしざん ⑵

🌸　しきを　よんでから　けいさんを　しましょう。

① 1 + 9 =　　② 2 + 8 =

③ 3 + 7 =　　④ 4 + 6 =

⑤ 5 + 5 =　　⑥ 6 + 4 =

⑦ 7 + 3 =　　⑧ 8 + 2 =

⑨ 9 + 1 =

🌸　しきを　よんでから　けいさんを　しましょう。

(1つ 10 てん)

① 8＋2＝　　② 5＋5＝

③ 3＋7＝　　④ 9＋1＝

⑤ 2＋8＝　　⑥ 4＋6＝

⑦ 1＋9＝　　⑧ 6＋4＝

⑨ 7＋3＝　　⑩ 10＋0＝

てん

なまえ

がつ　　にち

✿　しきを　よんでから　けいさんを　しましょう。

（1つ 10 てん）

① 6＋4＝

② 3＋7＝

③ 8＋2＝

④ 4＋6＝

⑤ 1＋9＝

⑥ 5＋5＝

⑦ 7＋3＝

⑧ 2＋8＝

⑨ 9＋1＝

⑩ 10＋0＝

てん

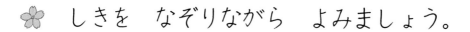
🌸　しきを　なぞりながら　よみましょう。

① 10 − 1 ＝ 9　② 10 − 2 ＝ 8

③ 10 − 3 ＝ 7　④ 10 − 4 ＝ 6

⑤ 10 − 5 ＝ 5　⑥ 10 − 6 ＝ 4

⑦ 10 − 7 ＝ 3　⑧ 10 − 8 ＝ 2

⑨ 10 − 9 ＝ 1

なまえ

🌸 しきを よんでから けいさんを しましょう。

① 10 − 1 =   ② 10 − 2 =

③ 10 − 3 =   ④ 10 − 4 =

⑤ 10 − 5 =   ⑥ 10 − 6 =

⑦ 10 − 7 =   ⑧ 10 − 8 =

⑨ 10 − 9 =

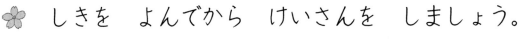

10 からの ひきざん まとめ (1)

🌸　しきを　よんでから　けいさんを　しましょう。

（1つ 10 てん）

① 10 − 5 ＝　　② 10 − 7 ＝

③ 10 − 2 ＝　　④ 10 − 4 ＝

⑤ 10 − 9 ＝　　⑥ 10 − 3 ＝

⑦ 10 − 1 ＝　　⑧ 10 − 6 ＝

⑨ 10 − 8 ＝　　⑩ 10 − 0 ＝

てん

10 からのひきざん まとめ (2)　なまえ

❀　しきを　よんでから　けいさんを　しましょう。

(1つ10てん)

① $10 - 3 =$　　② $10 - 6 =$

③ $10 - 0 =$　　④ $10 - 5 =$

⑤ $10 - 1 =$　　⑥ $10 - 9 =$

⑦ $10 - 4 =$　　⑧ $10 - 7 =$

⑨ $10 - 2 =$　　⑩ $10 - 8 =$

てん

🌸　なんこ　ありますか。□□に　かずを　かきましょう。

①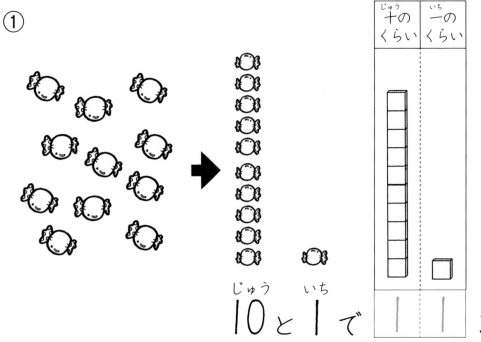

じゅう　いち
10と1で　　こ

②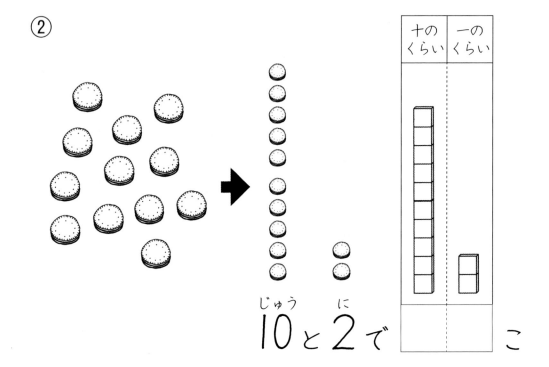

じゅう　に
10と2で　　こ

20 までのかず (2)

🌸　たいるを　すうじに　かえて、☐の　なかにか

きましょう。

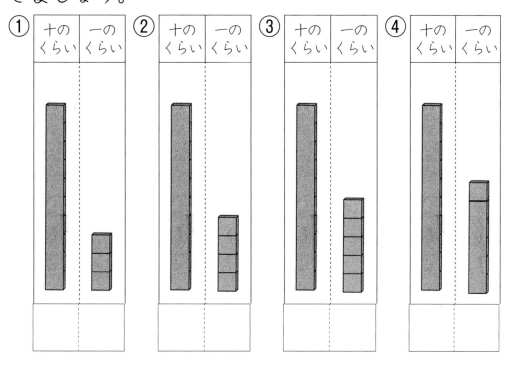

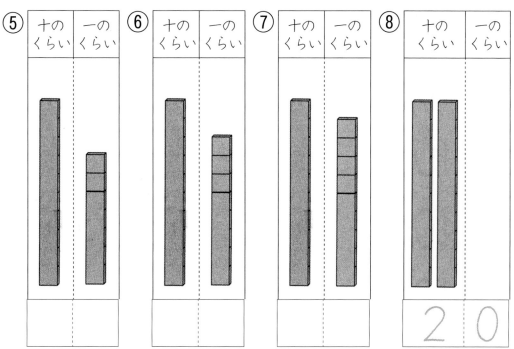

なまえ

がつ　　にち

✿ □に かずを かきましょう。

① 10 と 2 で □

② 10 と 6 で □

③ 10 と 8 で □

④ 10 と 5 で □

⑤ 10 と 3 で □

⑥ 10 と 9 で □

⑦ 10 と 4 で □

⑧ 10 と 7 で □

⑨ 10 と 1 で □

⑩ 10 と 10 で □

20 までのかず (4)

なまえ

1 かずを　じゅんに　かきましょう。かいたら　よみましょう。

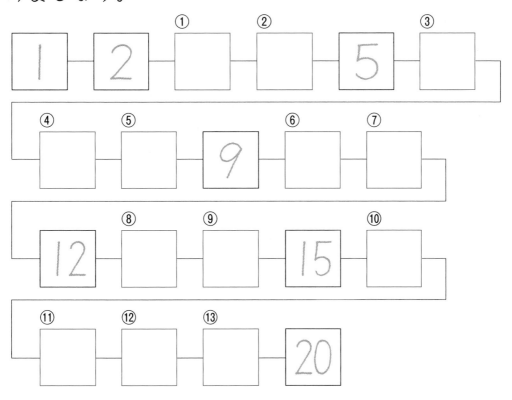

2 □に　あてはまる　かずを　かきましょう。

① 10より　4　おおきい　かずは　□

② 12より　3　おおきい　かずは　□

③ 19より　2　ちいさい　かずは　□

④ 16より　1　ちいさい　かずは　□

1 9＋4を　しましょう。

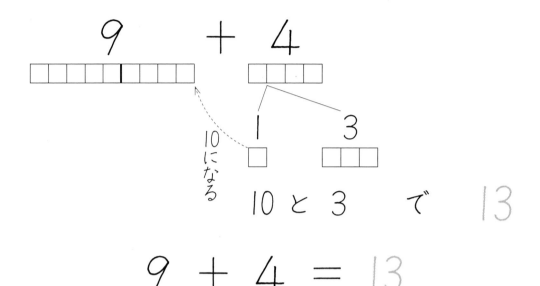

10 と 3　で　13

9 ＋ 4 ＝ 13

2 けいさんを　しましょう。

① 9＋2＝
　10 ‥‥‥ 1　1

② 9＋3＝
　10 ‥‥‥ 1　2

③ 9＋5＝
　10 ‥‥‥ 1　4

④ 9＋6＝
　10 ‥‥‥ 1　5

⑤ 9＋7＝
　10 ‥‥‥ 1　6

⑥ 9＋8＝
　10 ‥‥‥ 1　7

くりあがりのあるたしざん (2)　なまえ

1 8＋5を　しましょう。

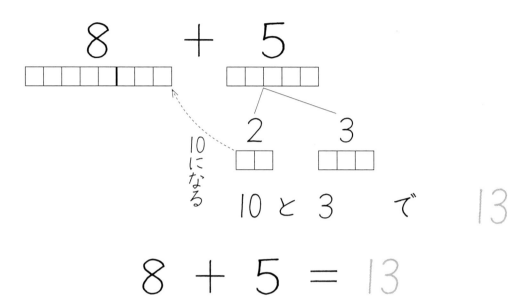

10になる

10 と 3　で　13

$$8 + 5 = 13$$

2 けいさんを　しましょう。

① $8+3=$
10 2 1

② $8+4=$
10 2 2

③ $8+6=$
10 2 4

④ $8+7=$
10 2 5

⑤ $8+8=$
10 2 6

⑥ $8+9=$
10 2 7

なまえ

1 7＋4を　しましょう。

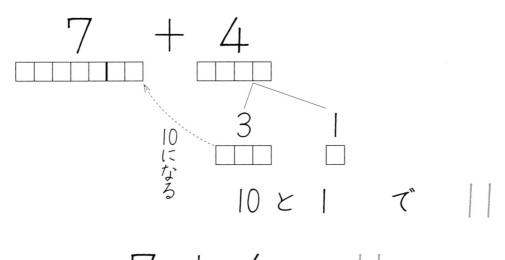

10と1　で　11

7 ＋ 4 ＝ 11

2 けいさんを　しましょう。

① 7＋5＝
　10　3　2

② 7＋6＝
　10　3　3

③ 7＋7＝
　10　3　4

④ 7＋8＝
　10　3　5

⑤ 7＋9＝
　10　3　6

くりあがりのあるたしざん (4)　なまえ

1 6+6を しましょう。

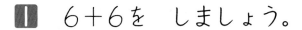

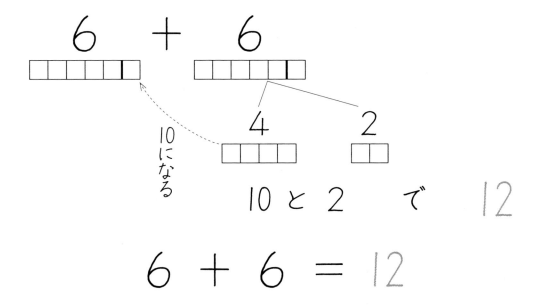

10と2　　で　　12

6 + 6 = 12

2 けいさんを しましょう。

① 6+5=
10 ⌣ 4 1

② 6+7=
10 ⌣ 4 3

③ 6+8=
10 ⌣ 4 4

④ 6+9=
10 ⌣ 4 5

くりあがりのあるたしざん (5)

なまえ

1 5+9を　しましょう。

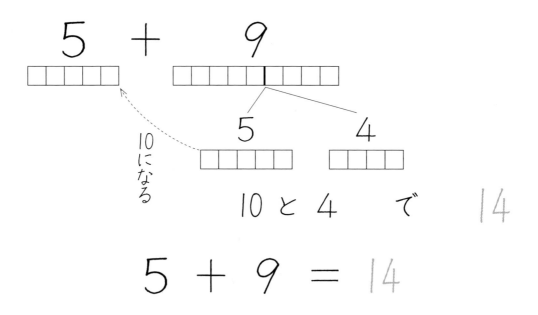

5 ＋ 9

5　　　4

10になる

10 と 4　　で　　14

5 ＋ 9 ＝ 14

2 けいさんを　しましょう。

① 5＋6＝　　② 5＋7＝

③ 5＋8＝

1 4＋8を　しましょう。

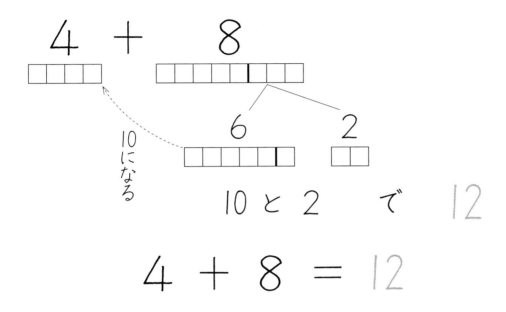

4 ＋ 8

10になる

6　　　2

10 と 2　で　12

4 ＋ 8 ＝ 12

2 けいさんを　しましょう。

① 4＋7＝　　② 4＋9＝

③ 4＋6＝

なまえ

1 3+9を しましょう。

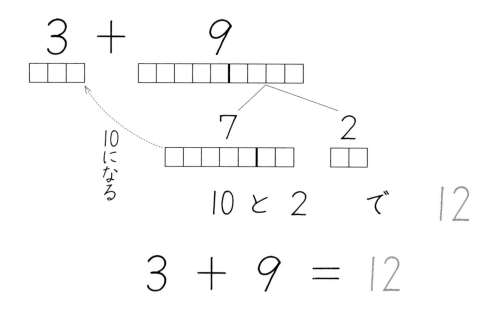

10 と 2 で 12

3 + 9 = 12

2 けいさんを しましょう。

① 3+8＝

② 3+7＝

なまえ

がつ　　　にち

1　2＋9を　しましょう。

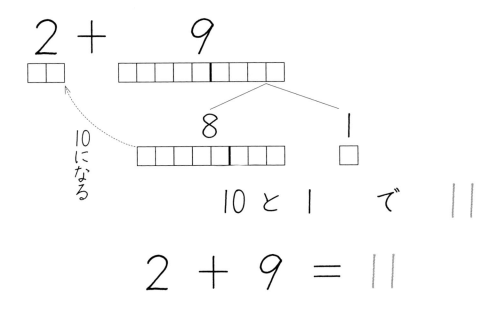

$$2 + 9 = 11$$

2　けいさんを　しましょう。

① $2+8=$　　② $3+7=$

③ $4+6=$　　④ $5+5=$

⑤ $6+4=$　　⑥ $7+3=$

⑦ $8+2=$　　⑧ $9+1=$

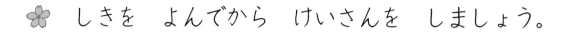

🌸 しきを よんでから けいさんを しましょう。

① 1＋9＝   ② 2＋8＝

③ 2＋9＝   ④ 3＋7＝

⑤ 3＋8＝   ⑥ 3＋9＝

⑦ 4＋6＝   ⑧ 4＋7＝

⑨ 4＋8＝   ⑩ 4＋9＝

⑪ 5＋5＝   ⑫ 5＋6＝

⑬ 5＋7＝   ⑭ 5＋8＝

⑮ 5＋9＝

🌸 しきを　よんでから　けいさんを　しましょう。

① $6+4=$ ② $6+5=$

③ $6+6=$ ④ $6+7=$

⑤ $6+8=$ ⑥ $6+9=$

⑦ $7+3=$ ⑧ $7+4=$

⑨ $7+5=$ ⑩ $7+6=$

⑪ $7+7=$ ⑫ $7+8=$

⑬ $7+9=$ ⑭ $8+2=$

⑮ $8+3=$

くりあがりのあるたしざん ⑴ なまえ

🌸　しきを　よんでから　けいさんを　しましょう。

① $8+4=$　　　② $8+5=$

③ $8+6=$　　　④ $8+7=$

⑤ $8+8=$　　　⑥ $8+9=$

⑦ $9+1=$　　　⑧ $9+2=$

⑨ $9+3=$　　　⑩ $9+4=$

⑪ $9+5=$　　　⑫ $9+6=$

⑬ $9+7=$　　　⑭ $9+8=$

⑮ $9+9=$

🌸　しきを　よんでから　けいさんを　しましょう。

（①～⑩ 1つ5てん、⑪～⑮ 1つ10てん）

① $4+7=$　　② $6+6=$

③ $7+3=$　　④ $8+4=$

⑤ $9+6=$　　⑥ $3+9=$

⑦ $5+7=$　　⑧ $7+6=$

⑨ $8+5=$　　⑩ $9+3=$

⑪ $3+7=$　　⑫ $5+6=$

⑬ $6+4=$　　⑭ $7+7=$

⑮ $9+2=$

てん

しきを　よんでから　けいさんを　しましょう。

（①〜⑩ 1つ5てん、⑪〜⑮ 1つ10てん）

① $2+8=$　　② $6+7=$

③ $7+5=$　　④ $8+8=$

⑤ $9+4=$　　⑥ $1+9=$

⑦ $5+8=$　　⑧ $8+9=$

⑨ $8+6=$　　⑩ $9+7=$

⑪ $3+8=$　　⑫ $6+9=$

⑬ $8+3=$　　⑭ $7+9=$

⑮ $9+1=$

てん

なまえ

 しきを　よんでから　けいさんを　しましょう。

（①〜⑩ 1つ5てん、⑪〜⑮ 1つ10てん）

① 2＋9＝

② 5＋5＝

③ 7＋8＝

④ 8＋2＝

⑤ 9＋5＝

⑥ 4＋6＝

⑦ 6＋5＝

⑧ 8＋7＝

⑨ 9＋8＝

⑩ 4＋9＝

⑪ 6＋8＝

⑫ 7＋4＝

⑬ 9＋9＝

⑭ 4＋8＝

⑮ 5＋9＝

てん

なまえ

1 13－9を　しましょう。

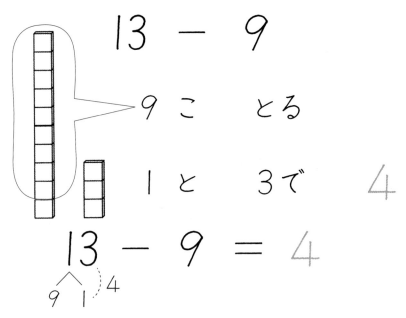

$$13 - 9$$

9こ　　とる

1 と　　3で　　4

$$13 - 9 = 4$$

2 けいさんを　しましょう。

① $11 - 9 =$

② $12 - 9 =$

③ $14 - 9 =$

④ $15 - 9 =$

⑤ $16 - 9 =$

⑥ $17 - 9 =$

くりさがりのあるひきざん (2)　なまえ

1 13−8を　しましょう。

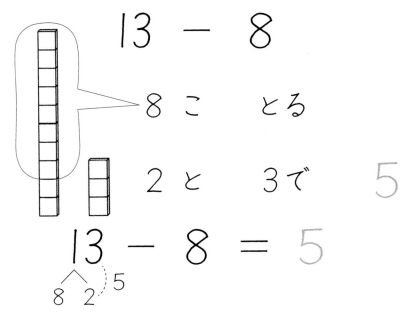

$$13 - 8$$

8こ　　とる

2と　　3で　　5

$$13 - 8 = 5$$

8　2　5

2 けいさんを　しましょう。

① 11−8＝
8　2

② 12−8＝
8　2

③ 14−8＝
8　2

④ 15−8＝
8　2

⑤ 16−8＝
8　2

⑥ 17−8＝
8　2

1 12－7を　しましょう。

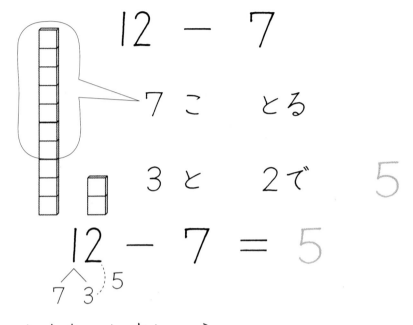

12　－　7

7こ　とる

3と　2で　5

$$12 - 7 = 5$$

7　3　5

2 けいさんを　しましょう。

① 11－7＝
7　3

② 13－7＝
7　3

③ 14－7＝
7　3

④ 15－7＝
7　3

⑤ 16－7＝
7　3

⑥ 10－7＝

なまえ

1 12−6を しましょう。

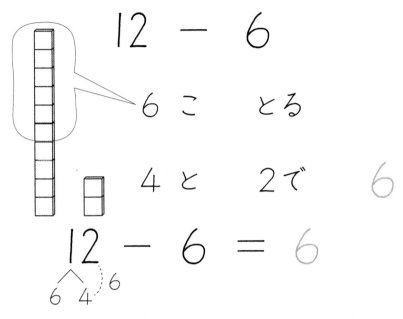

$$12 - 6$$

6こ　とる

4と　2で　6

$$12 - 6 = 6$$

2 けいさんを しましょう。

① $11 - 6 =$

② $13 - 6 =$

③ $14 - 6 =$

④ $15 - 6 =$

⑤ $10 - 6 =$

なまえ

がつ　　にち

1 12－5を　しましょう。

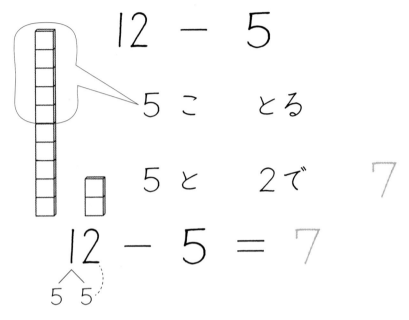

$$12 － 5$$

5こ　　とる

5と　　2で　　7

$$12 － 5 ＝ 7$$

5　5

2 けいさんを　しましょう。

① $$11 － 5 ＝$$
5　5

② $$13 － 5 ＝$$
5　5

③ $$14 － 5 ＝$$
5　5

④ $$10 － 5 ＝$$

くりさがりのあるひきざん ⑹ なまえ

1 11−4を　しましょう。

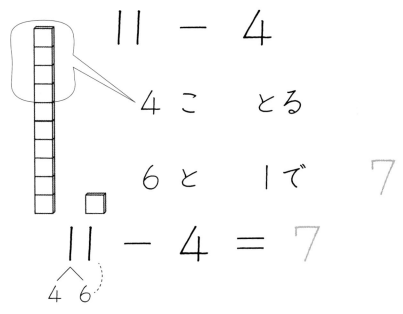

11　−　4

4こ　　とる

6と　　1で　　7

11　−　4　=　7

2 けいさんを　しましょう。

① 12−4=

② 13−4=

③ 10−4=

なまえ

がつ　　にち

1 11−3を　しましょう。

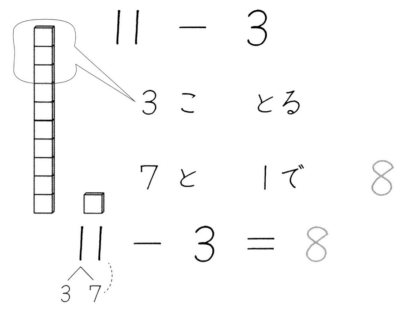

11　−　3

3こ　　とる

7と　　1で　　8

11　−　3　＝　8

3　7

2 けいさんを　しましょう。

① 12−3＝

3　7

② 10−3＝

なまえ

1 11 − 2を　しましょう。

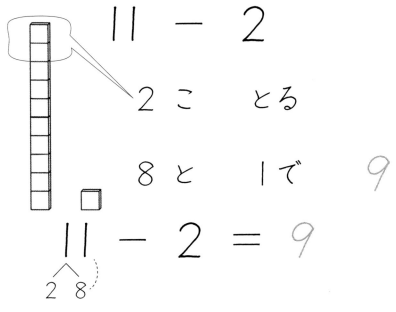

11　−　2

2 こ　とる

8 と　1 で　9

11　−　2　=　9

2 8

2 けいさんを　しましょう。

① 10 − 2 =　　　② 10 − 3 =

③ 10 − 4 =　　　④ 10 − 5 =

⑤ 10 − 6 =　　　⑥ 10 − 7 =

⑦ 10 − 8 =　　　⑧ 10 − 9 =

なまえ

🌸 しきを よんでから けいさんを しましょう。

① 10 − 9 =　　　② 11 − 9 =

③ 12 − 9 =　　　④ 13 − 9 =

⑤ 14 − 9 =　　　⑥ 15 − 9 =

⑦ 16 − 9 =　　　⑧ 17 − 9 =

⑨ 18 − 9 =　　　⑩ 10 − 8 =

⑪ 11 − 8 =　　　⑫ 12 − 8 =

⑬ 13 − 8 =　　　⑭ 14 − 8 =

⑮ 15 − 8 =

なまえ

🌸 しきを よんでから けいさんを しましょう。

① 16 − 8 =

② 17 − 8 =

③ 10 − 7 =

④ 11 − 7 =

⑤ 12 − 7 =

⑥ 13 − 7 =

⑦ 14 − 7 =

⑧ 15 − 7 =

⑨ 16 − 7 =

⑩ 10 − 6 =

⑪ 11 − 6 =

⑫ 12 − 6 =

⑬ 13 − 6 =

⑭ 14 − 6 =

⑮ 15 − 6 =

なまえ

✿ しきを　よんでから　けいさんを　しましょう。

① $10 - 5 =$　　　② $11 - 5 =$

③ $12 - 5 =$　　　④ $13 - 5 =$

⑤ $14 - 5 =$　　　⑥ $10 - 4 =$

⑦ $11 - 4 =$　　　⑧ $12 - 4 =$

⑨ $13 - 4 =$　　　⑩ $10 - 3 =$

⑪ $11 - 3 =$　　　⑫ $12 - 3 =$

⑬ $10 - 2 =$　　　⑭ $11 - 2 =$

⑮ $10 - 1 =$

しきを よんでから けいさんを しましょう。

（①〜⑩ 1つ5てん、⑪〜⑮ 1つ10てん）

① 14 − 5 =　　　② 10 − 4 =

③ 16 − 8 =　　　④ 15 − 7 =

⑤ 14 − 9 =　　　⑥ 13 − 4 =

⑦ 12 − 5 =　　　⑧ 11 − 4 =

⑨ 10 − 8 =　　　⑩ 11 − 6 =

⑪ 13 − 9 =　　　⑫ 14 − 8 =

⑬ 10 − 3 =　　　⑭ 17 − 9 =

⑮ 12 − 3 =

てん

がつ　　にち

🌸　しきを　よんでから　けいさんを　しましょう。

（①〜⑩ 1つ5てん、⑪〜⑮ 1つ10てん）

① $13 - 6 =$　　② $12 - 7 =$

③ $10 - 9 =$　　④ $11 - 5 =$

⑤ $10 - 2 =$　　⑥ $14 - 6 =$

⑦ $12 - 9 =$　　⑧ $17 - 8 =$

⑨ $10 - 7 =$　　⑩ $15 - 6 =$

⑪ $13 - 5 =$　　⑫ $10 - 1 =$

⑬ $11 - 9 =$　　⑭ $13 - 7 =$

⑮ $16 - 9 =$

てん

なまえ

がつ　にち

✿ しきを　よんでから　けいさんを　しましょう。

(①～⑩ 1つ5てん、⑪～⑮ 1つ10てん)

① 11 − 2 =

② 13 − 8 =

③ 14 − 7 =

④ 10 − 5 =

⑤ 12 − 6 =

⑥ 15 − 8 =

⑦ 18 − 9 =

⑧ 11 − 7 =

⑨ 15 − 9 =

⑩ 11 − 8 =

⑪ 16 − 7 =

⑫ 12 − 4 =

⑬ 11 − 3 =

⑭ 12 − 8 =

⑮ 10 − 6 =

てん

なまえ

がつ　　　にち

1 くりひろいを　しました。ぼくは　5こ、おにい
さんは　7こ　ひろいました。ぜんぶで　なんこ
ひろいましたか。
しき

こたえ

2 えんぴつが　16ぽん　ありました。7ほん　けず
りました。けずっていない　えんぴつは　なんぼん
ですか。
しき

こたえ

3 あかい　りんごが　13こ、あおい　りんごが　8
こ　あります。どちらが　なんこ　おおいですか。
しき

こたえ

なまえ

がつ　　にち

1 あかい　きんぎょが　8ぴき　います。くろい
きんぎょが　11ぴき　います。ちがいは　なんびき
ですか。
しき

こたえ

2 こうえんで　7にん　あそんで　いました。そこ
へ　5にん　あそびに　きました。みんなで　なん
にん　あそんで　いますか。
しき

こたえ

3 ももが　れいぞうこに　2こ、はこに　9こ　は
いっています。ももは　ぜんぶで　なんこ　あります
か。
しき

こたえ

1 おたんじょうびかいで　ケーキを　8こ　かいました。おさらに　1つずつ　のせたら、おさらが　4まい　あまりました。おさらを　なんまい　よういしましたか。

おさら　4まい

しき

こたえ _____

2 あめを　15こ　かいました。チョコレートは　あめより　6こ　すくなく　かいました。チョコレートは　なんこ　かいましたか。

あめ

チョコレート

6こ　すくない

しき

こたえ _____

たすのかな、ひくのかな (4)

なまえ

1　えんぴつが　9ほん　あります。キャップは
えんぴつの　かずより　6こ　おおいです。キャッ
プは　なんこですか。

しき

こたえ

1　プリンが　14こ　あります。みんなに　くばろう
と　したら、スプーンが　5ほん　たりません。ス
プーンは　なんぼん　ありますか。

しき

こたえ

たすのかな、ひくのかな まとめ (1)　なまえ

1 わたしは、1しゅうかんに　7さつの　ほんを
よみました。おねえさんは、わたしより　7さつ
おおく　よみました。おねえさんは、なんさつ　よ
みましたか。

(しき 15 てん、こたえ 15 てん)

しき

こたえ＿＿＿＿＿＿＿＿＿＿

2 どうぶつえんに　いきました。うさぎが　17ひき
いました。やぎは　うさぎより　9ひき　すくない
そうです。やぎは　なんびきですか。

(しき 15 てん、こたえ 15 てん)

しき

こたえ＿＿＿＿＿＿＿＿＿＿

3 おとうさんが　みかんを　15こ　かって　きまし
た。おかあさんは　りんごを　かって　きました。
りんごは　みかんより　8こ　すくないそうです。
おかあさんは　りんごを　なんこ　かって　きまし
たか。

(しき 20 てん、こたえ 20 てん)

しき

こたえ＿＿＿＿＿＿＿＿＿

＿＿＿＿てん

1　かごに　みかんが　12こ　あります。はこにも
みかんが　あります。はこの　みかんは　かごのみ
かんより　4こ　すくないです。はこの　みかんは
なんこですか。
(しき 15 てん、こたえ 15 てん)

しき

こたえ _____

2　きんぎょすくいを　しました。わたしは　きんぎょ
を　6ぴき　すくいました。おにいさんは　わたし
より　8ぴき　おおく　すくいました。おにいさん
が　すくった　きんぎょは　なんびきですか。
(しき 15 てん、こたえ 15 てん)

しき

こたえ _____

3　たまいれを　しました。あかチームは　かごに
たまを　9こ　いれました。あおチームは　あか
チームより　9こ　おおく　いれました。あおチー
ムは　なんこ　たまを　いれましたか。
(しき 20 てん、こたえ 20 てん)

しき

こたえ _____

＿＿＿＿＿
｜　　　｜
｜　てん｜

がつ　　　にち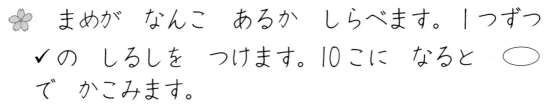

🌸　まめが　なんこ　あるか　しらべます。１つずつ
✓の　しるしを　つけます。10こに　なると　◯
で　かこみます。

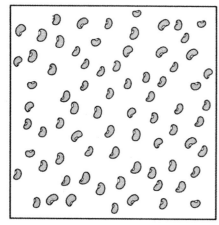　➡　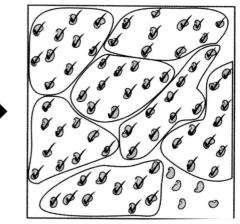

①　10の　かたまりは、なんこ　できましたか。

こ

②　のこったのは　なんこですか。

こ

③　□に　かずを　かきましょう。

10のかたまり	のこり

　　※　10の　かたまりを　十のくらいと　いいます。

④　まめは　ぜんぶで　なんこ　ありましたか。

こ

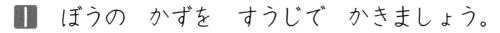
おおきなかず (2)

なまえ

1 ぼうの　かずを　すうじで　かきましょう。

①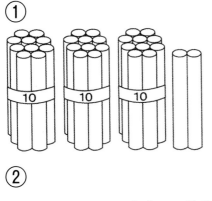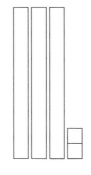

十の くらい	一の くらい

②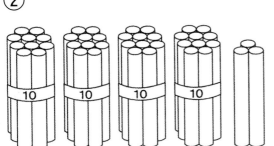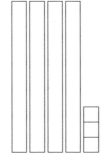

十の くらい	一の くらい

2 タイルの　かずを　すうじで　かきましょう。

①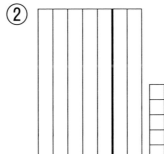

②

③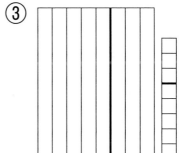

3 十のくらいが　5で、一のくらいが
6の　かずは　いくつですか。

1 タイルの かずを すうじで かきましょう。

①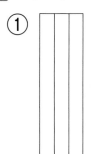

②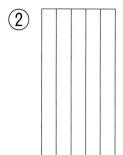

③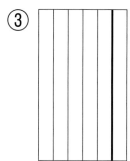

3	0

2 10を 10こ あつめた かずを
100 (ひゃく) と いいます。

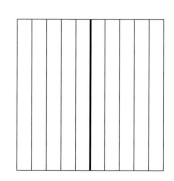

百の くらい	十の くらい	一の くらい
1	0	0

3 すうじで かきましょう。

① 10が 2こと 1が 8こで 　　　　　 です。

② 10が 7こで 　　　　　 です。

③ 10が 9こと 1が 9こで 　　　　　 です。

④ 10が 10こで 　　　　　 です。

おおきなかず (4)

がつ　にち

なまえ

✿ ☐ に あてはまる かずを かきましょう。

① 10が 4こと 1が 3こで ☐

② 10が 7こと 1が 9こで ☐

③ 10が 6こで ☐

④ 10が 9こで ☐

⑤ 10が 10こで ☐

⑥ 25は 10が ☐ こと 1が ☐ こ。

⑦ 64は 10が ☐ こと 1が ☐ こ。

⑧ 80は 10が ☐ こ。

⑨ 100は 10が ☐ こ。

⑩ 99より 1おおきい かずは ☐

おおきなかず (6)

🌸　てんすうを　かいた　カードが　あります。
なんてん　ありますか。

① | 1 | 1 | 1 | 1 | 1 | 1 | 1 |

_____ てん

② | 2 | 2 | 2 | 2 | 2 | 2 | 2 | 2 |

_____ てん

③ | 5 | 5 | 5 | 5 | 5 | 5 | 5 |

_____ てん

④ | 10 | 10 | 10 | 10 | 10 | 10 |

_____ てん

⑤ | 20 | 20 | 20 | 20 | 20 |

_____ てん

⑥ | 50 | 50 |

_____ てん

おおきなかず (7)

なまえ

1 いちばん　おおきい　かずに　○を　つけましょう。

①
32	31	35
(	) (	) ( )

②
68	58	88
(	) (	) ( )

③
91	90	89
(	) (	) ( )

④
66	65	56
(	) (	) ( )

2 いちばん　ちいさい　かずに　○を　つけましょう。

①
25	28	22
(	) (	) ( )

②
50	80	40
(	) (	) ( )

③
89	79	99
(	) (	) ( )

④
110	101	111
(	) (	) ( )

なまえ

🌸 けいさんを しましょう。

① $11 + 1 = 12$

② $12 + 3 = 15$

③ $14 + 5 = 19$

④ $13 + 2 =$

⑤ $15 + 1 =$

⑥ $16 + 3 =$

⑦ $12 + 7 =$

⑧ $17 + 1 =$

⑨ $11 + 6 =$

⑩ $12 + 5 =$

⑪ $13 + 4 =$

⑫ $15 + 3 =$

⑬ $18 + 1 =$

⑭ $17 + 2 =$

⑮ $14 + 3 =$

おおきなかずのたしざん (2) なまえ

🌸 けいさんを しましょう。

① 10＋3＝ 13　　② 20＋5＝ 25

③ 40＋8＝ 48　　④ 60＋6＝

⑤ 50＋2＝　　⑥ 70＋4＝

⑦ 90＋7＝　　⑧ 30＋9＝

⑨ 80＋1＝　　⑩ 10＋4＝

⑪ 50＋6＝　　⑫ 60＋9＝

⑬ 20＋2＝　　⑭ 40＋5＝

⑮ 70＋8＝

おおきなかずのたしざん (3)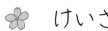

🌸 けいさんを しましょう。

① $42 + 6 = 48$

② $85 + 4 = 89$

③ $31 + 7 = 38$

④ $53 + 6 =$

⑤ $24 + 4 =$

⑥ $76 + 2 =$

⑦ $63 + 3 =$

⑧ $92 + 4 =$

⑨ $21 + 8 =$

⑩ $45 + 2 =$

⑪ $66 + 1 =$

⑫ $83 + 5 =$

⑬ $51 + 4 =$

⑭ $94 + 2 =$

⑮ $71 + 5 =$

🌸　けいさんを　しましょう。

① $10 + 20 = 30$　② $40 + 10 = 50$

③ $10 + 30 = 40$　④ $20 + 20 =$

⑤ $40 + 30 =$　⑥ $21 + 50 =$

⑦ $66 + 30 =$　⑧ $29 + 70 =$

⑨ $50 + 50 = 100$　⑩ $70 + 30 = 100$

⑪ $60 + 40 =$　⑫ $20 + 80 =$

⑬ $30 + 70 =$　⑭ $90 + 10 =$

⑮ $40 + 60 =$

おおきなかずのひきざん (1)　なまえ

🌸　けいさんを　しましょう。

① $15 - 2 = 13$

② $17 - 3 = 14$

③ $18 - 6 = 12$

④ $19 - 5 =$

⑤ $16 - 4 =$

⑥ $14 - 1 =$

⑦ $13 - 2 =$

⑧ $12 - 1 =$

⑨ $19 - 4 =$

⑩ $18 - 3 =$

⑪ $17 - 5 =$

⑫ $15 - 3 =$

⑬ $14 - 2 =$

⑭ $16 - 5 =$

⑮ $19 - 6 =$

おおきなかずのひきざん (2)

なまえ

がつ　　にち

✿　けいさんを　しましょう。

① $19 - 9 = 10$

② $47 - 7 = 40$

③ $65 - 5 = 60$

④ $71 - 1 =$

⑤ $86 - 6 =$

⑥ $38 - 8 =$

⑦ $94 - 4 =$

⑧ $53 - 3 =$

⑨ $22 - 2 =$

⑩ $36 - 6 =$

⑪ $54 - 4 =$

⑫ $77 - 7 =$

⑬ $25 - 5 =$

⑭ $48 - 8 =$

⑮ $89 - 9 =$

おおきなかずのひきざん (3)　なまえ

🌸　けいさんを　しましょう。

① $69 - 1 = 68$

② $97 - 2 = 95$

③ $18 - 3 = 15$

④ $75 - 4 =$

⑤ $57 - 6 =$

⑥ $89 - 7 =$

⑦ $38 - 1 =$

⑧ $26 - 2 =$

⑨ $63 - 1 =$

⑩ $46 - 3 =$

⑪ $19 - 2 =$

⑫ $95 - 1 =$

⑬ $48 - 5 =$

⑭ $77 - 4 =$

⑮ $59 - 8 =$

🌸　けいさんを　しましょう。

① $80 - 20 = 60$　　② $90 - 30 = 60$

③ $60 - 10 = 50$　　④ $40 - 30 =$

⑤ $80 - 40 =$　　⑥ $78 - 10 =$

⑦ $65 - 40 =$　　⑧ $92 - 60 =$

⑨ $100 - 40 = 60$　　⑩ $100 - 70 = 30$

⑪ $100 - 20 =$　　⑫ $100 - 60 =$

⑬ $100 - 80 =$　　⑭ $100 - 10 =$

⑮ $100 - 50 =$

1 ながい　ほうに　○を　つけましょう。

① はた　　　　　　　② えんぴつ

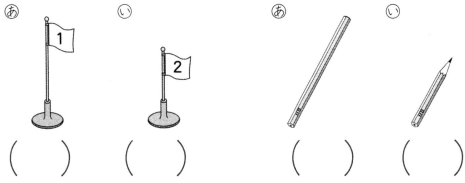

あ （　　）　　い （　　）　　　あ （　　）　　い （　　）

2 いちばん　ながい　ものに　○を　つけましょう。

あ （　　）

い （　　）

う （　　）

3 ほんを　ならべて　ながさを　くらべました。たてと　よこで　ながい　ほうに　○を　つけましょう。

あ （　　）

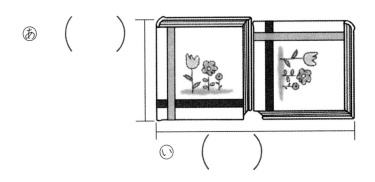

い （　　）

なまえ

🌸　ながい　ほうに　○を　つけましょう。

①

　　ⓐ　（　　）　　　　　ⓘ　（　　）

②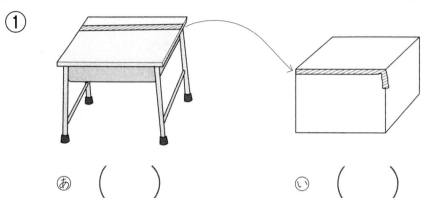

　　ⓐ　（　　）　　　　　ⓘ　（　　）

③　ⓐ　たて

　　　（　　）

　　ⓘ　よこ

　　　（　　）

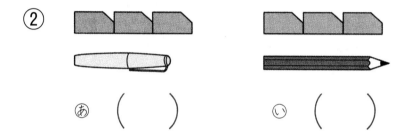

④　ⓐ（　　）あたらしい　えんぴつ　8ぽんぶ
　　　　んの　つくえ

　　ⓘ（　　）あたらしい　えんぴつ　7ほんぶ
　　　　んの　つくえ

くらべましょう (3)

🌸 かさが おおい ほうに ○を つけましょう。

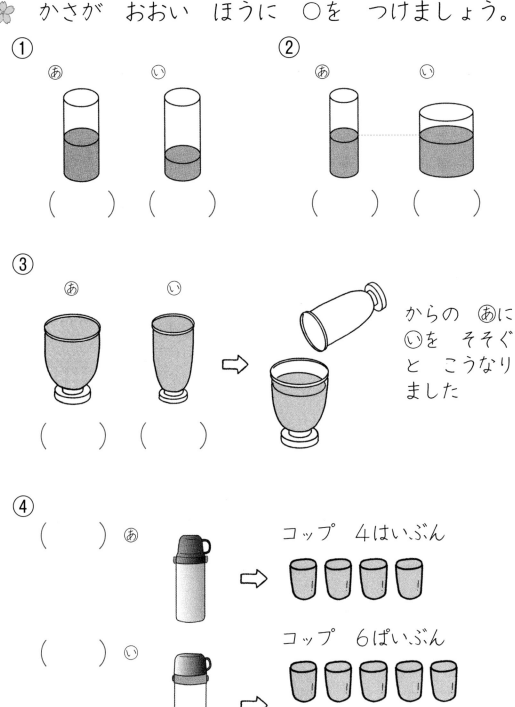

① あ い

( ) ( )

② あ い

( ) ( )

③ あ い

( ) ( )

からの あに
いを そそぐ
と こうなり
ました

④

( ) あ

コップ 4はいぶん

( ) い

コップ 6ぱいぶん

くらべましょう (4)

なまえ

✿　ひろい　ほうに　○を　つけましょう。

①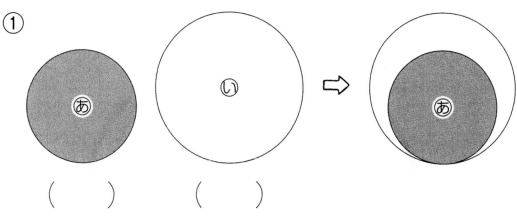

（　　　）　　　（　　　　）

②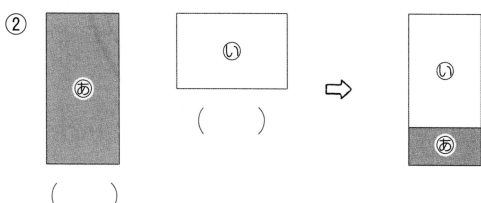

（　　　　）

（　　　）

③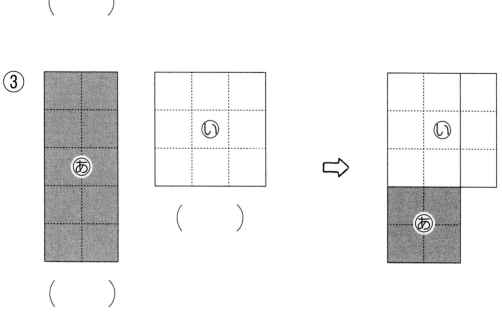

（　　　　）

（　　　）

1　とけいに　すうじを　かきましょう。

> 　とけいの　ながい　はりが　12の　ところを
> さして　いるとき　「○じ（ちょうど）」と　いい
> ます。みじかい　はりの　すうじを　よみます。

2　うえの　とけいは　なんじ　ですか。

_____　じ

なまえ

■　とけいを　よみましょう。

①

（　　　　）じ

②

（　　　　）じ

③

（　　　　）じ

④

（　　　　）じ

② ながい　はりを　せんで　かきましょう。

①　5じ

②　9じ

ながい　はりが、6を　さしていると
き「○じはん」と　いいます。

みじかい　はりは　9と　10の　あい
だに　あります。

9じはん

と　よみます。

❀　とけいを　よみましょう。

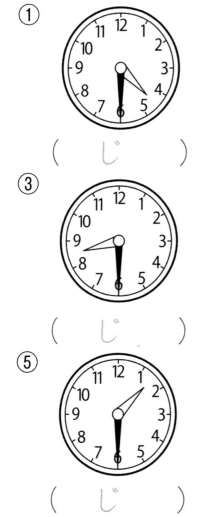

① （　　じ　　）

② （　　じ　　）

③ （　　じ　　）

④ （　　じ　　）

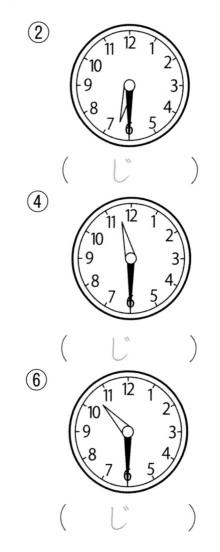

⑤ （　　じ　　）

⑥ （　　じ　　）

とけい (4)

なまえ

🌸　ながい　はりを　せんで　かきましょう。

① 2じ

② 6じ

③ 5じはん

④ 7じはん

⑤ 9じはん

⑥ 12じはん

とけい (5)

なまえ

みじかい　はりで　「○じ」が　わかります。

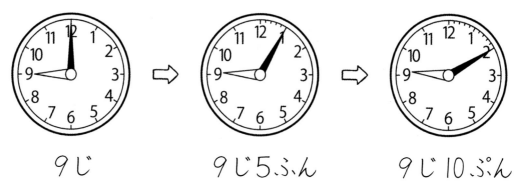

9じ　　　　　　　9じ5ふん　　　　　9じ10ぷん

ながい　はりで　「○ふん」が　わかります。

1 「ふん」の　よみかたを　すうじで　かきましょう。

5

2 5とびの　いいかたを　れんしゅう　しましょう。

5　10 15 20 25 30 35 40 45 50 55

本書の特色と使い方

４段階のステップ学習で、豊かな学力が形成されます。

「音読」「なぞり書き」「書き写し」「暗唱」の４段階のシートで教科書教材を深く理解でき、ゆっくり学んでいくうちに、豊かな学力が形成されます。

ゆっくりていねいに、段階を追った学習ができます。

問題量を少なくした、ゆったりとした紙面構成で、読み書きが苦手な子どもでも、ゆっくりていねいに、段階を追って学習することができます。また、漢字が苦手な子どもでも、学習意欲が減退しないように、問題文の全てにかな文字を記載しています。

光村図書・東京書籍・教育出版の国語教科書から抜粋した詩・物語・説明文教材の問題などを掲載しています。

教科書掲載教材を使用して、授業の進度に合わせて予習・復習ができます。三社の優れた教科書教材を掲載しておりますので、ぜひご活用ください。

どの子も理解できるよう、お手本や例文を記載しています。

問題の考え方や答えの書き方の理解を補助するものとして、はじめに、なぞり書きのできるうすい文字のお手本があります。また、文作りでは例文も記載しています。

あたたかみのあるイラストで、文作りの場面理解を支援しています。

わかりやすいイラストで、文章の理解を深めます。生活の場面をイラストにして、そのイラストに言葉をそえています。イラストにそえられた言葉を手がかりに、子ども自らが文を作れるように配慮してあります。また、イラストの色塗りなども楽しめます。

支援教育の専門の先生の指導をもとに、本書を作成しています。

教科書の内容や構成を研究し、小学校の特別支援学級や支援教育担当の先生方、専門の研究者の先生方のアドバイスをもとに問題を作成しています。

※ワークシートの解答例について（お家の方や先生方へ）

本書の解答は、あくまでもひとつの「解答例」です。お子さまに取り組ませる前に、必ず指導される方が問題を解いてください。指導される方の作られた解答をもとに、お子さまの多様な考えに寄り添って○つけをお願いします。

（光村図書・東京書籍・教育出版の教科書教材より抜粋）

作文トレーニング　基礎編

書き写し・音読・暗唱

① — 2

目次

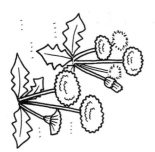

2

3

「三」 のはい へ （一）

94 …………………………………………………………………………… 三 のはい へ（一）
93 …………………………………………………………………………… ④ 丸（ 、 ）（ 。） 点
92 …………………………………………………………………………… ③ 丸（ 、 ）（ 。） 点
91 …………………………………………………………………………… ② 丸（ 、 ）（ 。） 点
90 …………………………………………………………………………… （一） 丸（ 、 ）（ 。） 点

【文作（さくぶん）】

89 …………………………………………………………… 音読・書く・覚える 暗唱 へ
88 …………………………………… 音読・書く・覚える（あ）なごに書き（は）かなえこ。 へ
87 …………………………………………………………… 音読・書く・覚える 暗唱 へ
86 ………………………………………… 音読・書く・覚える（あ）なごに書き（こて仕） へ
85 ………………………………………… 音読・書き写す・書く（あ）かなえこ。 へ
84 …………………………………………… 音読・書き写す（あ）なごに書き（こて仕） へ

【二】ぼしゅうよう...

83 …………………………………………………………… 音読・書く・覚える 暗唱 へ
82 ………………………………………… 音読・書く・覚える（さ゛）こに書き（て くへく） へ
81 …………………………………………………………… 音読・書く・覚える 暗唱 へ
80 ………………………………………… 音読・書く・覚える（あ）こに書き（だ れく） へ
79 …………………………………………………………… 音読・書く・覚える 暗唱 へ
78 ………………………………………… 音読・書く・覚える（さ゛）こに書き（こほしこ） へ
77 …………………………………………………………… 音読・書く・覚える 暗唱 へ
76 ………………………………………… 音読・書く・覚える（あ）こに書き（クソコンチ） へ
75 ……………………………………………… 音読・書き写す（か゛）こ し（クソンて） へ
74 ……………………………………………… 音読・書き写す（なね）て し（クソンて） へ
73 ……………………………………………… 音読・書き写す（あ）だ れ し（だ れく） へ
72 ……………………………………………… 音読・書き写す（か゛）て し（こほしこ） へ
71 ……………………………………………… 音読・書き写す（なね）て し（こほしこ） へ
70 ……………………………………………… 音読・書き写す（あ）こ し（クソコンチ） へ

【詩】 雨のうた

69 …………………………………………………………… 音読 暗唱 覚える へ
68 ………………………………………… 音読・書く・覚える（む゛）てに書き（きわにえる） へ
67 …………………………………………………………… 音読 暗唱 覚える へ
66 ………………………………………… 音読・書く・覚える（メみ）てに書き（なへのせ） へ
65 ……………………………………………………… 音読・書き写す・書く し
64 ……………………………………………… 音読・書く（メけわに し（こ仕ね） へ
63 ……………………………………………………… 音読・書き写す し
62 ………………………………………… 音読・書く（む゛ていに書き（きわにえる） へ

4

書き写し・音読・暗唱　シートの見分け方

…音読・なぞり書き

…音読・書き写し

…音読・覚える・なぞり書き

…暗唱・覚えて書く

（令和二年度版　光村図書　こくご　一上　かざぐるま　６ページ・一部）

★　なまえを　かいたら、ぶんを　なぞって　かきましょう。

6

たんぽぽ

つぎの　ぶんを　なぞって　かいて、こえに　だして　よみましょう。

たんぽぽ

「た	「た		
んぽ	んぽ	ま	ま
ぽの	ぽの	ぶ	ぶ
わた	わた	ん	ん
げが	げが	を	を
とん	とん	」	」
で	で		
いく	いく		
よ。	よ。		

たんぽぽ　①

名前

しを おんどくしてから、かきうつしましょう。

たんぽぽ

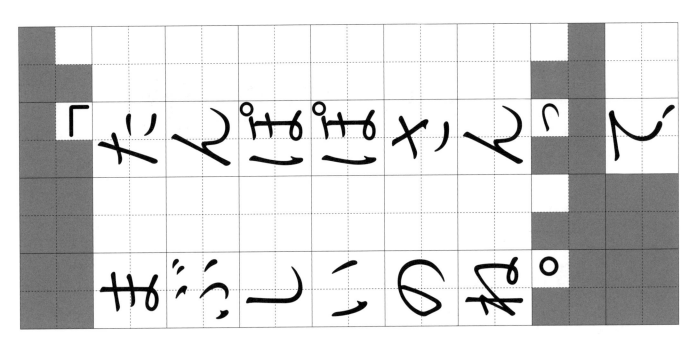

「たんぽぽ、とんで いって おやすみ。」

★かき おわったら、もう いちど、おんどくしましょう。

（令和二年度版 光村図書 こくご 一上 たんぽぽ まど・みちお）

★れい おはなしに でてくる かん字を、かきましょう。

（令和2年度版 東京書籍 あたらしい こくご 一上 による）

ひまわりの たねを まいた。

おおきく めが でた。

さいた。

つぼみが

すく

まいた から」

つぎの ぶんしょうを よんで、こたえを かきましょう。

③ 名前

たんげん

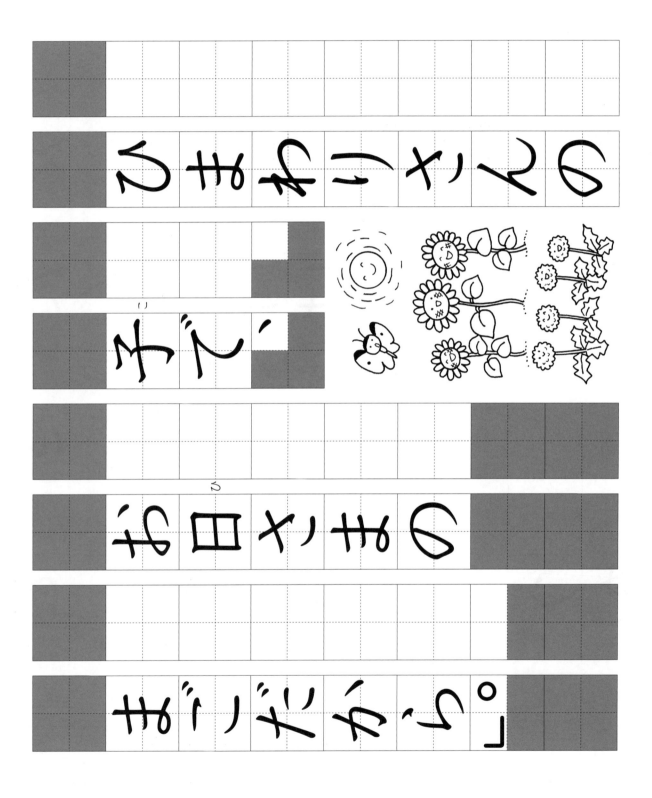

しを おんどくしてから、かき うつしましょう。

ひ き わ り く と の

ち ん

お 日 さ ま の

き ん だ か ら 。

★かき おわったら、もう いちど、おんどくしましょう。

(令和二年度版 光村図書 こくご 二上 たんぽぽ まど・みちお)

た | り | わ | と | ん | ぶ | こ
た | り | わ | と | ん | ぶ | こ
 | | は、| んた | ぽ | た
 | | は、| んた | ぽ。| きと
 | | | た。| いた | ちょ、
か | っ | ち | ちょ | | と、
が | っ | ち | ちょ | | と、

しを おんどくしてから、かきうつしましょう。

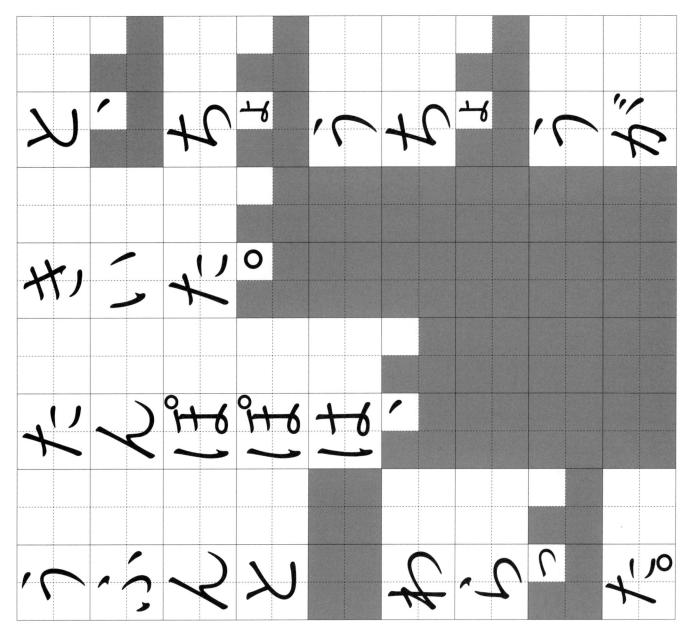

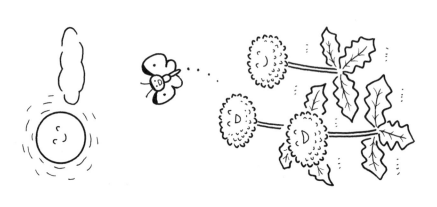

★かき おわったら、もう いちど、おんどくしましょう。

（令和二年度版 光村図書 こくご 一上 たんぽぽ まど・みちお）

たんぽぽ ⑦

名前

しを　おんどくして、おぼえましょう。また、しを　かきましょう。

「たんぽぽさんって
まぶしいのね。
ひまわりさんの
子（こ）で、
お日（ひ）さまの
まごだから」
と、ちょうちょうが
きいた。
たんぽぽは、
うふんと　わらった。

★かき　おわったら、もう　いちど、おんどくしましょう。

（令和二年度版　光村図書　こくご　二上　たんぽぽ　まど・みちお）

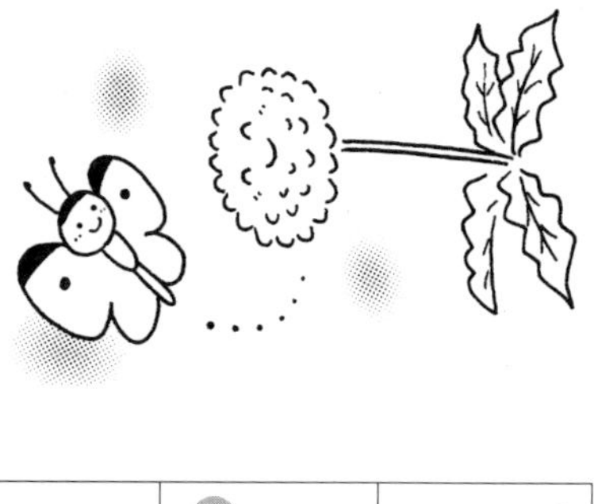

たんぽぽ ⑧ 名前

しを あんしょうしましょう。おぼえたら かきましょう。

★かき おわったら、もう いちど、あんしょうしましょう。

（令和二年度版 光村図書 こくご 二上 たんぽぽ まど・みちお）

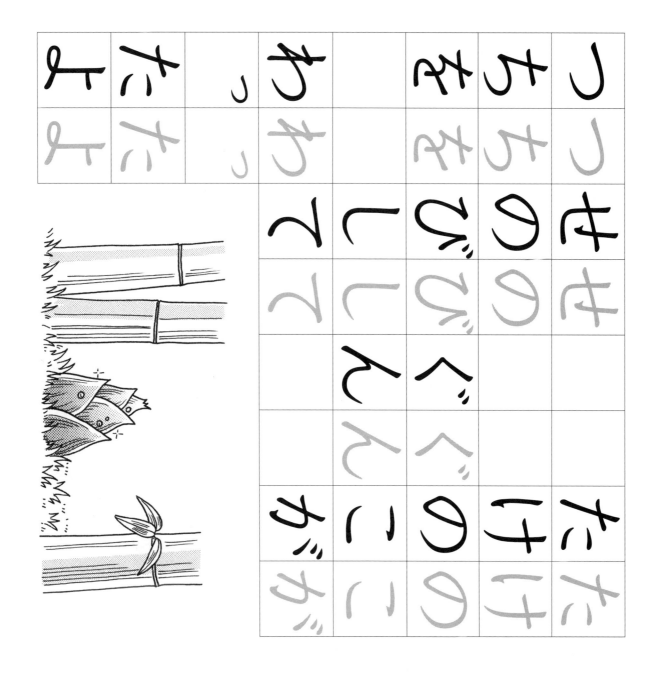

（令和二年度版　東京書籍　新しい国語　上　による。）

14

たけのこ　①

こ　つぎの　かんじを　うえから　なぞりましょう。

名前

たけのこ　①

たけのこ　ぐん　②

名前

しを　おんどくしてから、かき　うつしましょう。

たけのこ　ぐん

ぶしか　えつこ

たけのこが
ぐん
せのびして
つちを
わっ
たよ

★かき　おわったら、もう　いちど、おんどくしましょう。

（令和二年度版　東京書籍　新しい国語　二上　ぶしか　えつこ）

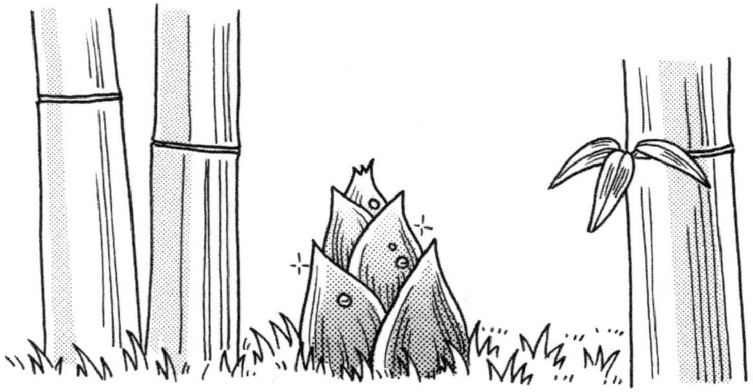

（令和二年度版 東京書籍 新しい国語 一上による）

たけのこ

べん

たけのこのへ
たけのこの
のびろ

ももいろの
たのおかおくたの
おかおくたの
もものなかに
あたにおたまに
おおたまに
おおたおまに
こんにてきたら
こんてら
きり
きり

16

★つぎ かきじゅんに ちゅういして かいてみよう。

なまえ

③ たけのこ べん

しを おぼえてから、かきうつしましょう。

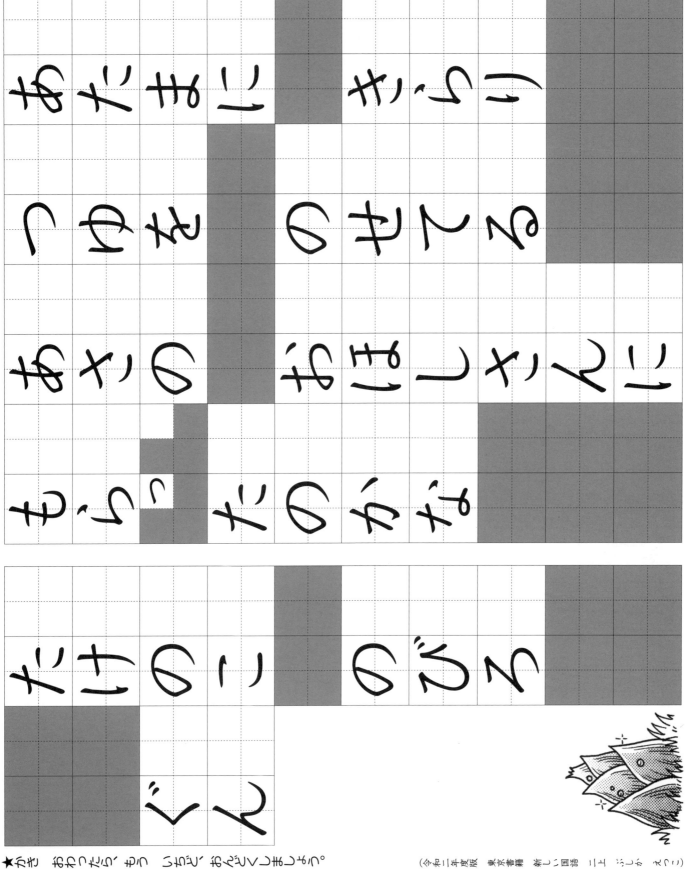

あさ たまに きらり
○の せんも
まちの おはし てんに
もらっ だのかな

たけのこの のびる ぐん

★かき おわったら、もう いちど おぼえて かきましょう。

（令和二年度版 東京書籍 新しい国語 一上「ぶんか えこ」）

17

たけのこは
ぐんぐんのびる

もうたのさきに
あさゆたまに
のたおもを
たのかおせ（こ）
ながしてから
せんん
にに

つせんの
ちのびんぐ
わっくの
をたんて
たよんか
だけ
た

なまえ とく

⑤
たけのこ

（令和二年度版
東京書籍
新しい国語 上 による）

⑤ つな あらわして おぼえましょう。まだ つな かなを つかって ……。

名前

しを あんしょうしましょう。おぼえたら かきましょう。

たけのこ ぐん　　　　　　　　　　ぶしか えつこ

19

★かきおわったら、もう いちど あんしょうしましょう。

(令和二年度版 東京書籍 新しい国語 二上 ぶしか えつこ)

こえのおおきさ ①

文しょうを 音読してから、かきうつしましょう。

こえのおおきさ

どこかで、小さな

こえが しました。

「おおきい こえ、ちいさい こえ。

おもたいな」

★かん おわったら もう いちど 音読しましょう。

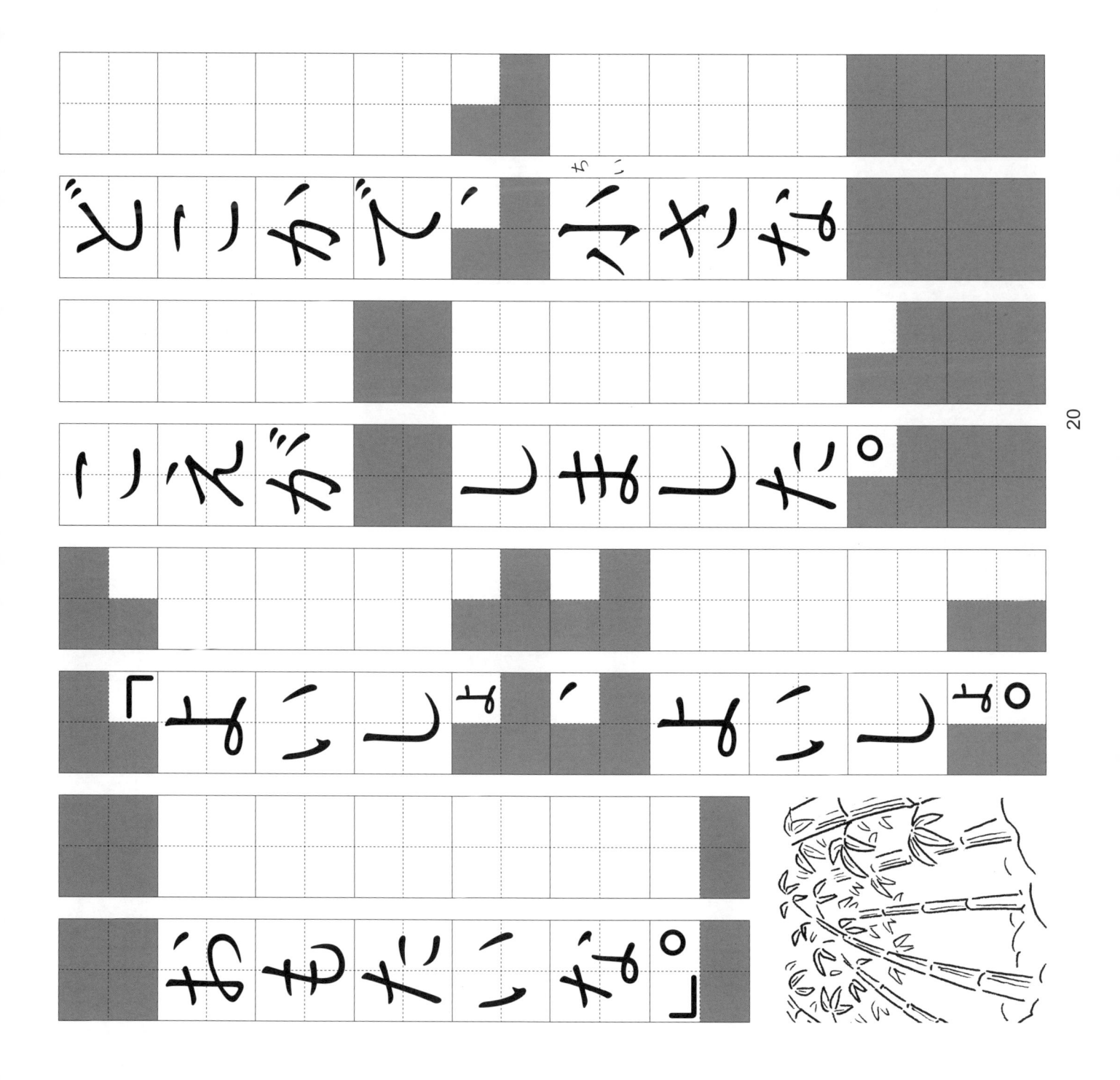

(令和二年度版 光村図書 こくご 一上 たんぽぽ ゆうや かおり)

文しょうを　音読してから、かきうつしましょう。

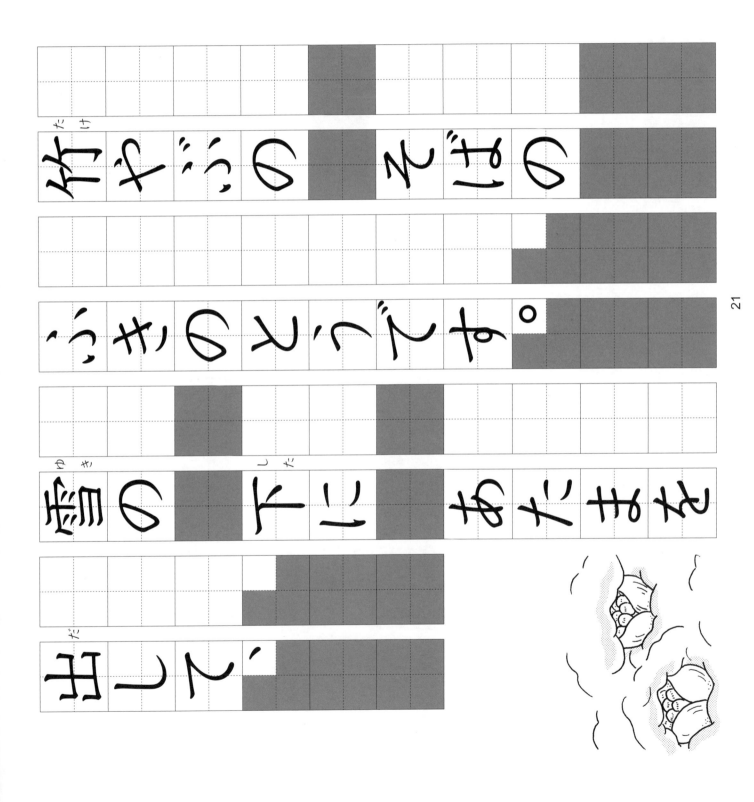

竹やぶの　中の

うきの　とっく　です。

雪の　下に　あたたかな

出して、

★かき　おわったら、もう　いちど　音読しましょう。

（令和二年度版　光村図書　こくご　一上　たんぽぽ　こくご　より）

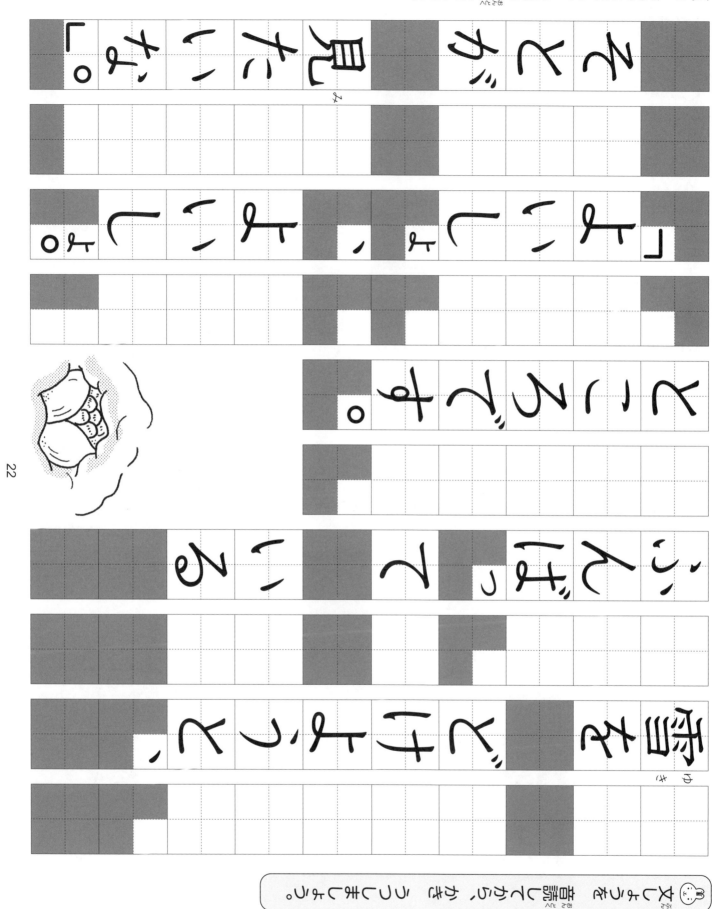

（令和二年度版 光村図書 こくご 二上 たんぽぽ より）

22

それが、かぜに　見（み）た　だに「。」

よ　し　こよ、　し　こ　よ。

とくべつです。

こ　に　て　はじ　と、

　　と　はつく、春（はる）を

☆ 文しょうを 音読してから、かんじを ていねいに かきましょう。

③ ぶんをかく　　名前

文しょうを 音読してから、かき うつしましょう。

はるかぜに　ふかれて

竹（たけ）やぶが、ゆれる

ゆれる、おとも。

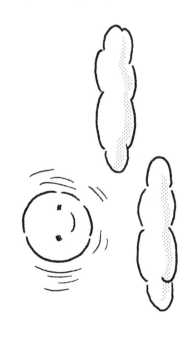

★かき おわったら、もう いちど、音読しましょう。

（令和二年度版 光村図書 こくご 一上 たんぽぽ「くじら ぐも」より）

のびる。

ふしと、はらと、せが

ふじ、そのとが、な

水に さん。

青が、とすると、

🐰 文しょうを 音読して、かん字を つかって 書きましょう。

名前

⑤ ぶんのかく

（令和二年度版 光村図書 こくご 二上 たんぽぽ 「たけのこ ぐん」による）

名前

文しょうを 音読してから、かき うつしましょう。

ぶかれて、

ゆれて、

さけて、

ぶんばして、

もし ここ。

★かん おわったら、もう いちど、音読しましょう。

25

（令和2年度版 光村図書 こくご 一上 かざぐるま ページ なおり）

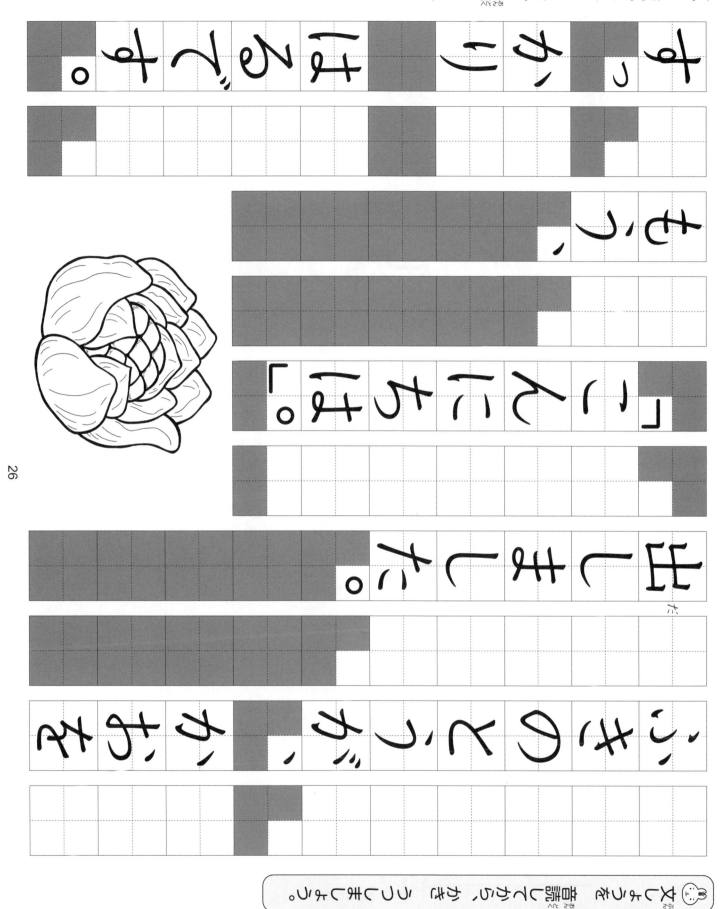

★ ぶんしょうを 音読してから、かきうつしましょう。

（令和二年度版 光村図書 こくご 二上 たんぽぽ）

26

名前

⑦ ふれあい

しを 音読してから、書き うつしましょう。

はなが さいた

まど・みちお

は	な	が		さ	い	た		
は	な	が		さ	い	た		
は	な	が		さ	い	た		
は	ひ	ふ	へ		ほ	ほ	ほ	
は	ひ	ふ	へ		ほ	ほ	ほ	
は	な	が		さ	い	て		
は	な	が		さ	い	て		
み	な	い		い	す		い	な	い
み	な	い		い	す		い	な	い

27

★書き おわったら、もう いちど、音読しましょう。

(令和二年度版 光村図書 こくご 一上 たんぽぽ まど・みちお)

★書き　おわったら、うえから　下へ、音読して　みよう。

（令和二年度版　光村図書）

おなえ・みず　　　まど・やなぎ

はなが　よにた

つよく　音読してから、書きうつしましょう。

はなが　よにた　②　名前

しを 音読してから 書きましょう。

はながさいた

はながさいた

はなが　さいた

ほくぶと　　ははは

ほくぶと　はは

おいるひとなに

おいるひとなに

★書きおわったら もう いちど 音読しましょう。　　（令和二年度版 光村図書 こくご 一上 たんぽぽ まど・みちお）

29

（令和二年度版 光村図書 国語一上 かざぐるま「はなのみち」より）

30

おはな	はなが	はな		ひと	で		ふじ	はなが	おはな
にほ				にさ					
に		はははは		にさた		ひ	はなが		
				にさた					

🐰 うすい 音読してから、音読して かきましょう。

はなだ マスに ④ 名前

「詩」を 音読して、おぼえましょう。また、「詩」を 書きましょう。

はなが さいた

まど・みちお

は　な　が　　　　さ　い　た
は　な　が　　　　さ　い　た
は　ひ　ぶ　く　　　ほ　ほ　ほ
み　な　が　　　さ　ん　ん　な　い
　　い　　　　　と　に　　な　い

は　な　が　　　　さ　い　た
は　な　が　　　　さ　い　た
ほ　く　ぶ　ん　　　は　は　は
は　な　が　　　　さ　ん　ん　は
お　い　る　　　さ　と　に　　な　い

★書きおわったら、もう いちど 音読しましょう。

(令和二年度版 光村図書 こくご 一上 かざぐるま まど・みちお)

31

⑥　はなかつこう　名前

文しょうを　音読してから、書き　うつしましょう。

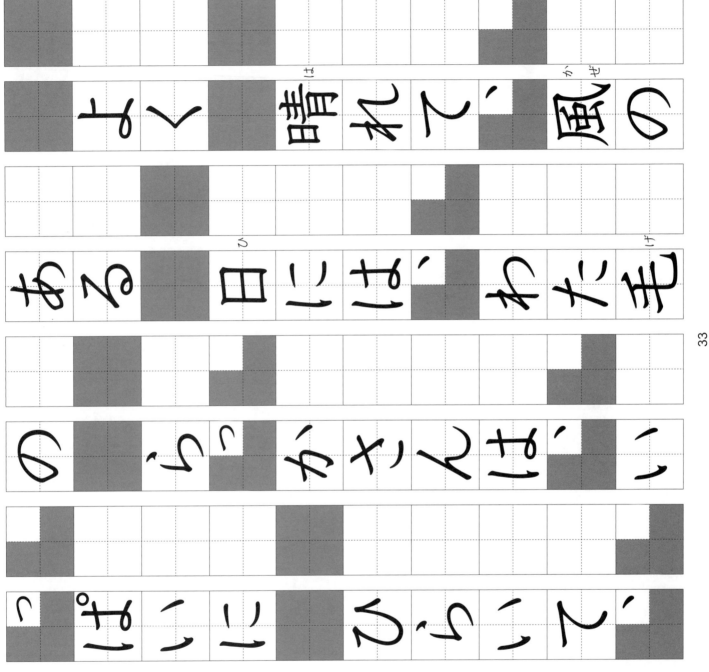

よく　晴れて、風の
ある　日には、わた毛
のらっかさんは、い
っぱいにひらいて、

33

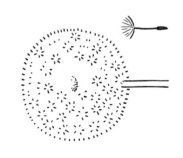

★書き　おわったら、もう　いちど、音読しましょう。

（令和二年度版　光村図書　こくご　二上　たんぽぽ　うえむら　としお）

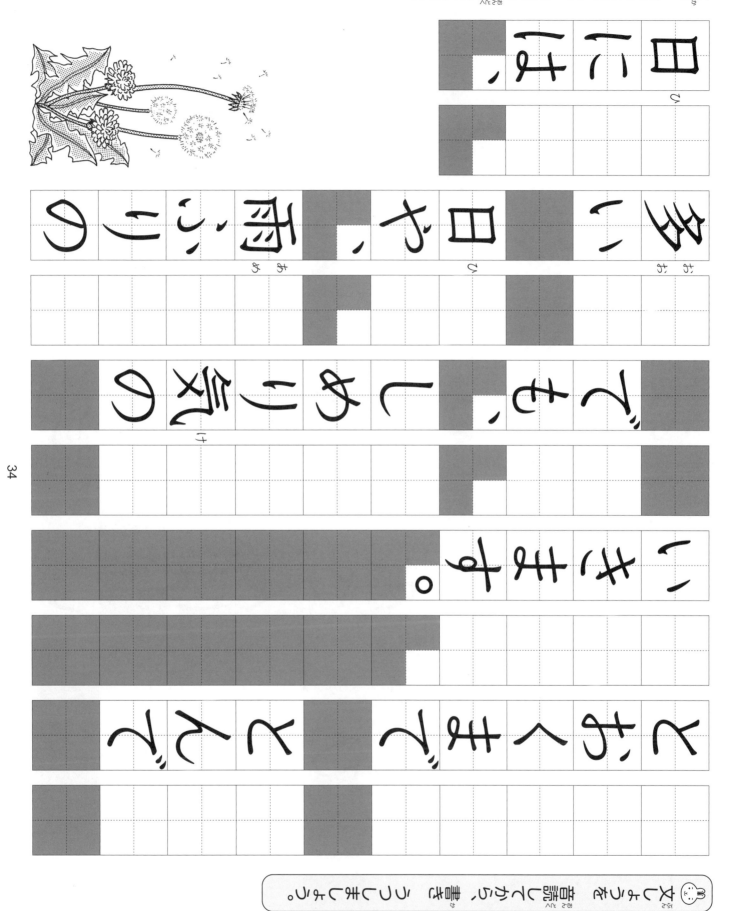

日には、

おおく に 日、ひ さく、雨 の ひ、

でも、しめり気の

いねます。

とばくまげ とと

② 文しょうを 音読して、ひらがなで 書き うつしましょう。

たんぽぽの ちえ ②　名前

（令和二年度版 光村図書 こくご二上 たんぽぽ）

34

文しょうを 音読してから、書き うつしましょう。

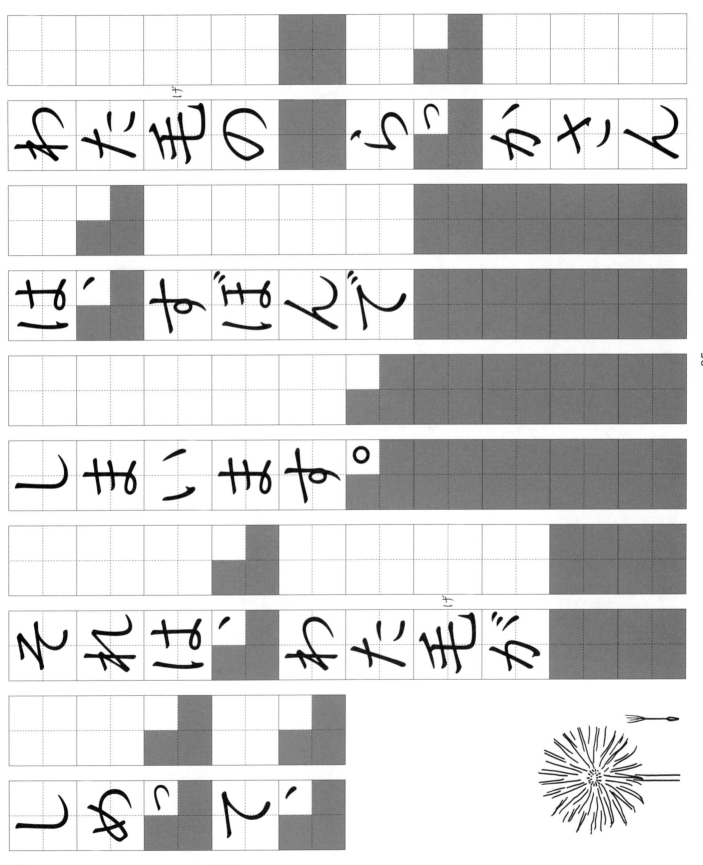

わた毛の　らっ　かさん
は、すぼんで
しまいます。
それは、わた毛が
しめって、

35

★書き おわったら、もう いちど 音読しましょう。　　　（令和二年度版　光村図書　こくご 一下　たんぽぽ　うえむら　としお）

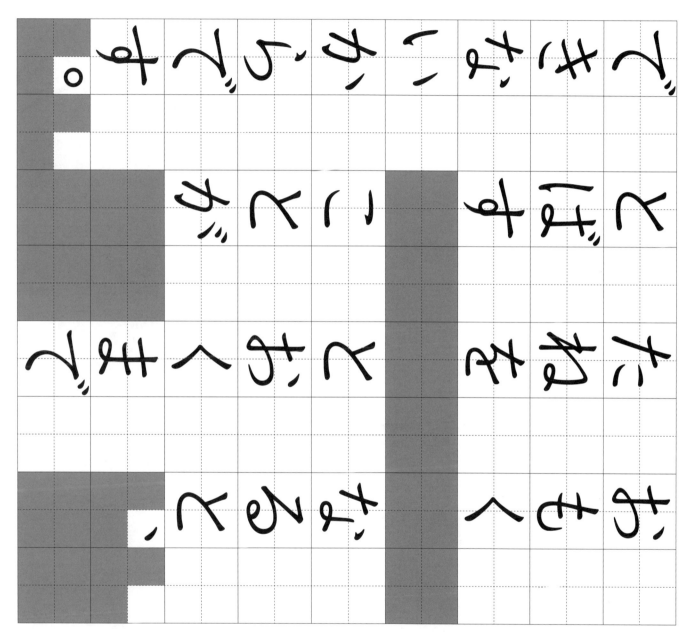

（令和二年度版　光村図書　国語　二上　たんぽぽ　ひろ　たけお）

でも、しめりけの　おおい　日や、あめふりの　日には、わた毛の　らっかさんは、すぼんで　しまいます。

36

③　文しょうを、音読してから、書きうつしましょう。

④　たんぽぽの　ちえ

名前

たんぽぽの ちえ ⑤　名前

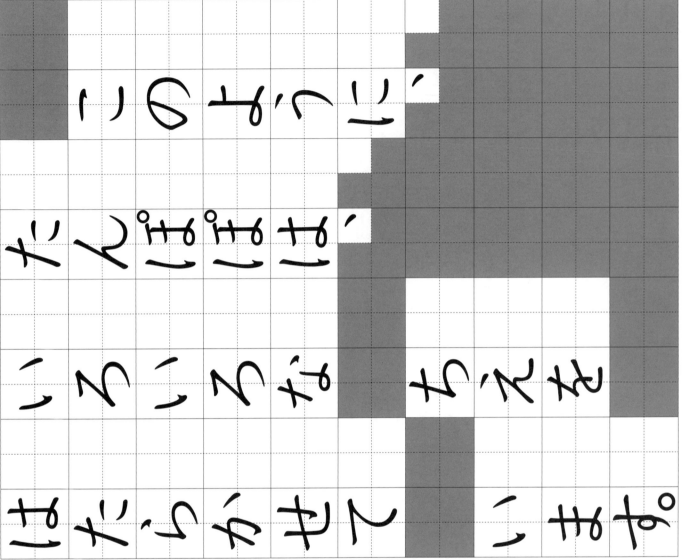

文しょうを 音読してから、書き うつしましょう。

このように、たんぽぽは、いろいろなちえをはたらかせています。

★書き おわったら、もう いちど、音読しましょう。

（令和二年度版 光村図書 こくご 二上 たんぽぽ うえむら としお）

★ ぶんしょうは おんどくしてから、こくしましょう。

たんぽぽの ちえ ⑥　名前

（令和二年度版　光村図書　こくご 二上 たんぽぽ ……）

文しょうを 音読してから、書き うつしましょう。

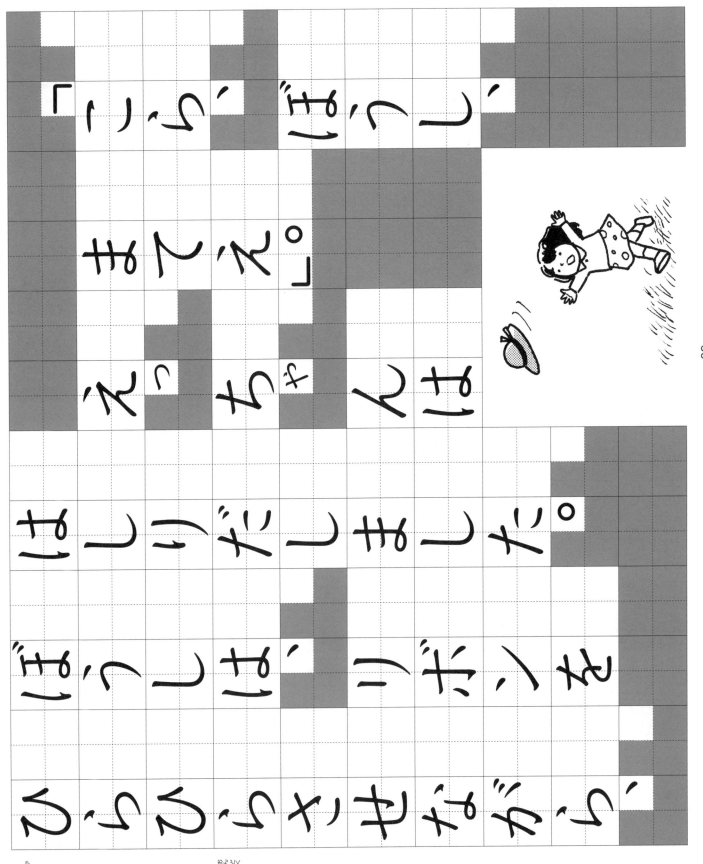

「ここらで　ほっと」し
まして。」
えっちゃんは

はしりだしました。
ぼうしは　こぼうしを

ひらひらさせながら、

★書き おわったら、もう 一ど 音読しましょう。

（令和二年度版 東京書籍 新しい国語 二上 あまん きみこ）

39

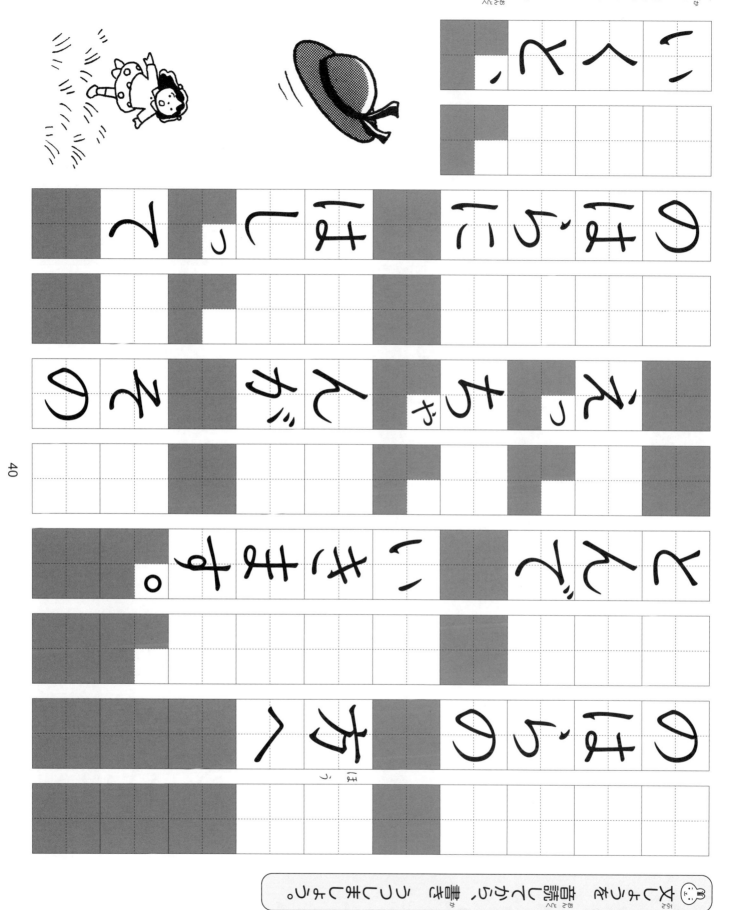

★書かきましょう。おなじ かたちに ちゅういして 音おんよみしましょう。

のはらに はしって

えっちゃんが

とんで いきます。

のはらの ほうへ

★文ぶんを よもう。音おんどくしながら 書かきましょう。

名前なまえを 見みて よもう。
②
名前

（令和2年度版　東京書籍　新しい国語　上に　あります。）

★ 文しょうを 音読してから、書き うつしましょう。

赤い ぼうしを

ちょこんと かぶった

きつねが 「いいぞ。

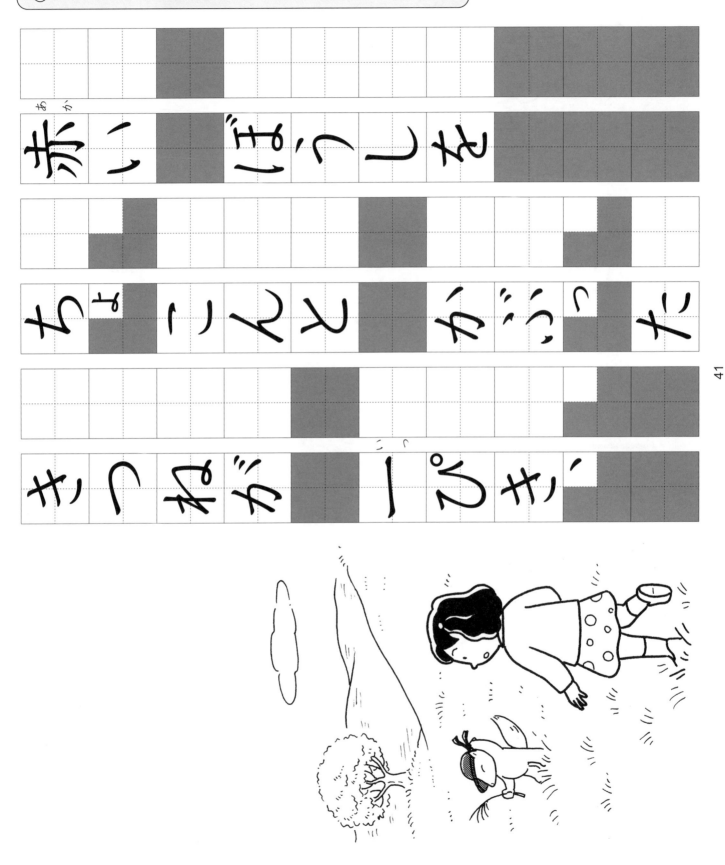

★ 書き おわったら、もう いちど、音読しましょう。

（令和二年度版 東京書籍 新しい国語 二上 あまん きみこ）

★書き　おわったら、ひらがなで、音読しましょう。

（令和二年度版　東京書籍　新しい国語　一上　あいうえお）

42

😊 文しょうを、音読してから、書きうつしましょう。

名前を見てちょうだい　④　名前

☆文しょうを　音読してから、書きうつしましょう。

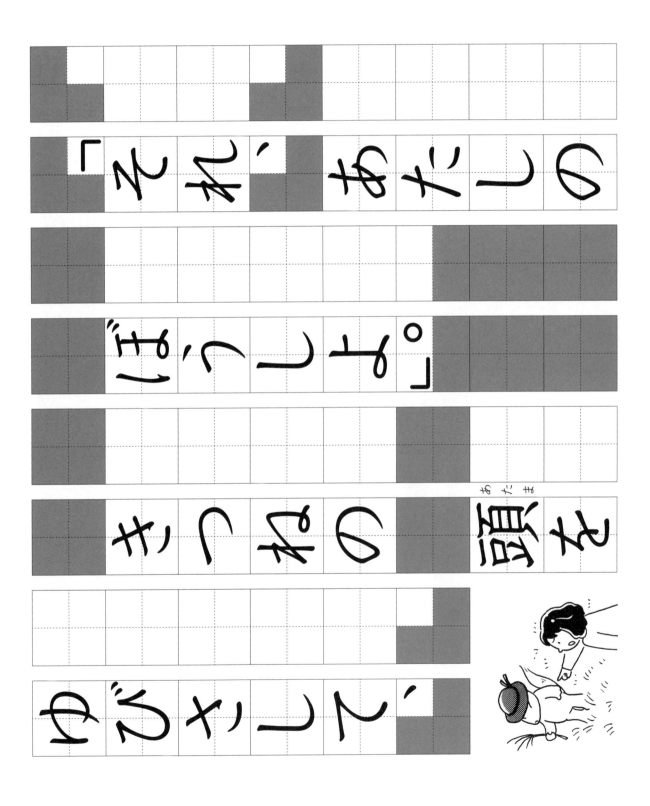

「それ、わたしの

ぼうしよ。」

きつねの　頭（あたま）を

ゆびさして、

★書き　おわったら、もう　いちど　音読しましょう。　　（令和二年度版　東京書籍　新しい国語　二上　あまん　きみこ）

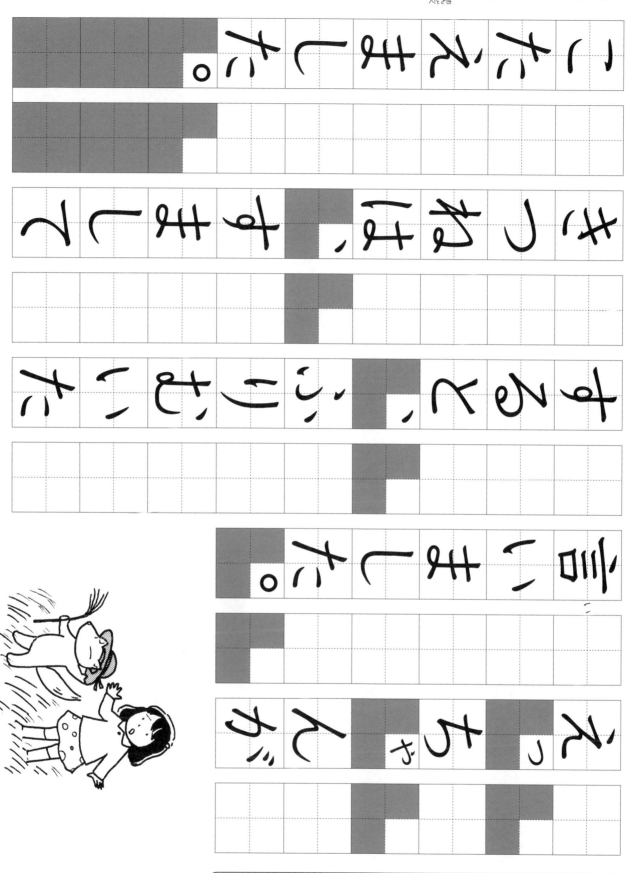

こたえました。

まして、はなしますが、はなしてましん

たにさばうぶ、とても

本にきました。

文がん

（令和二年度版 東京書籍 新しい国語 二上 にあります。）

44

文しょうを 音読してから、かん字を つかって 書きましょう。

⑥ 名前を見て かぞえて　　名前

文しょうを 音読してから、書き うつしましょう。

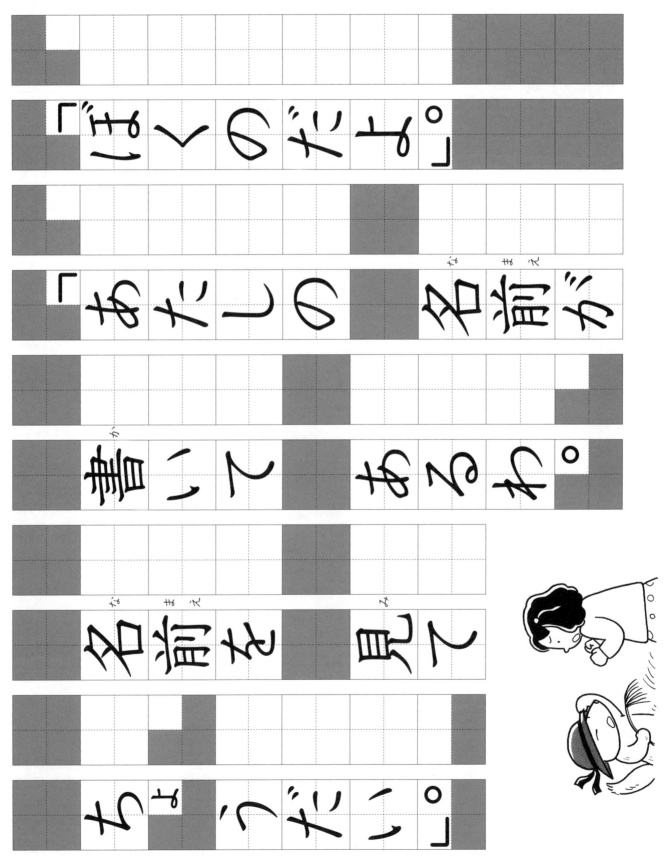

「ぼくの だよ。」

「あたしの 名前が

書いて あるわ。

名前を 見て

ちょうだい。」

★書き おわったら、もう いちど 音読しましょう。

（令和二年度版 東京書籍 新しい国語 二上 あまん きみこ）

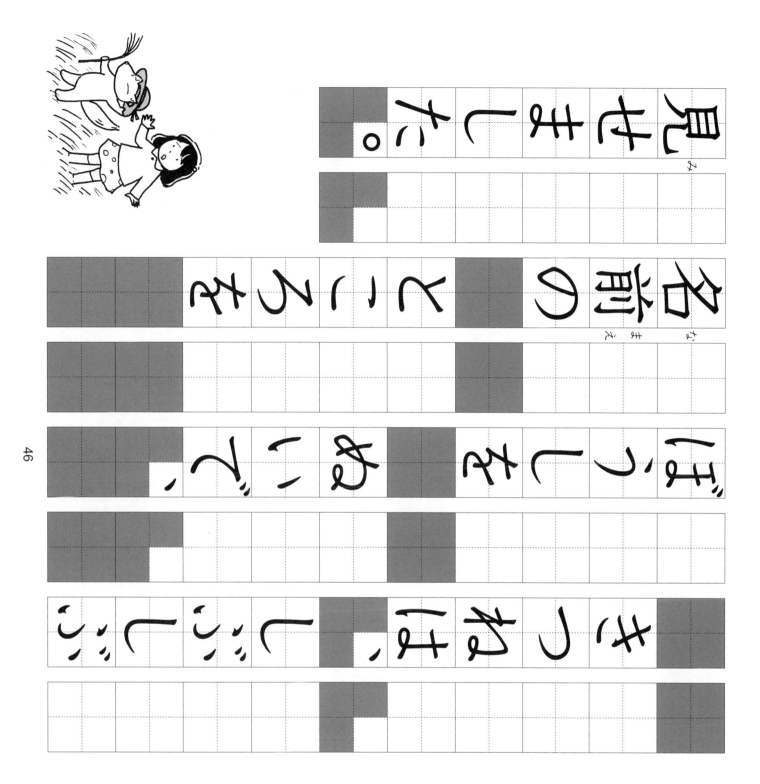

★書きおわったら、こえに出して音読しましょう。

名前を見てちょうだい
⑧
名前

文しょうを音読してから、書きこみましょう。

（令和二年度版 東京書籍 新しい国語 二上 によります）

文しょうを　音読してから、書き　うつしましょう。

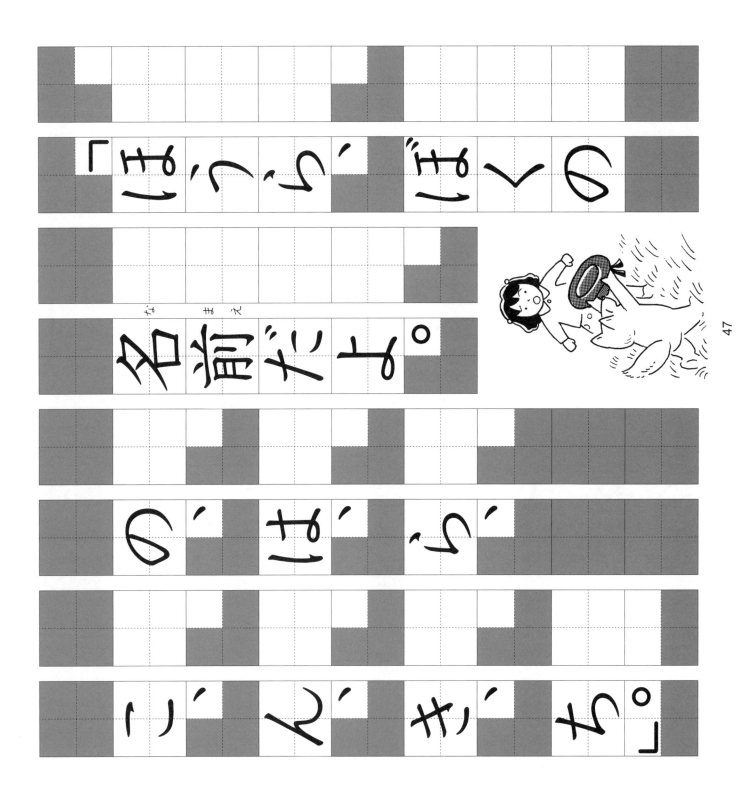

「ほうら、ぼくの

名前だよ。」

の、は、ら、

こ、は、ん、き、ゃ、ち。

（令和二年度版 東京書籍 新しい国語 二上 あまん きみこ）

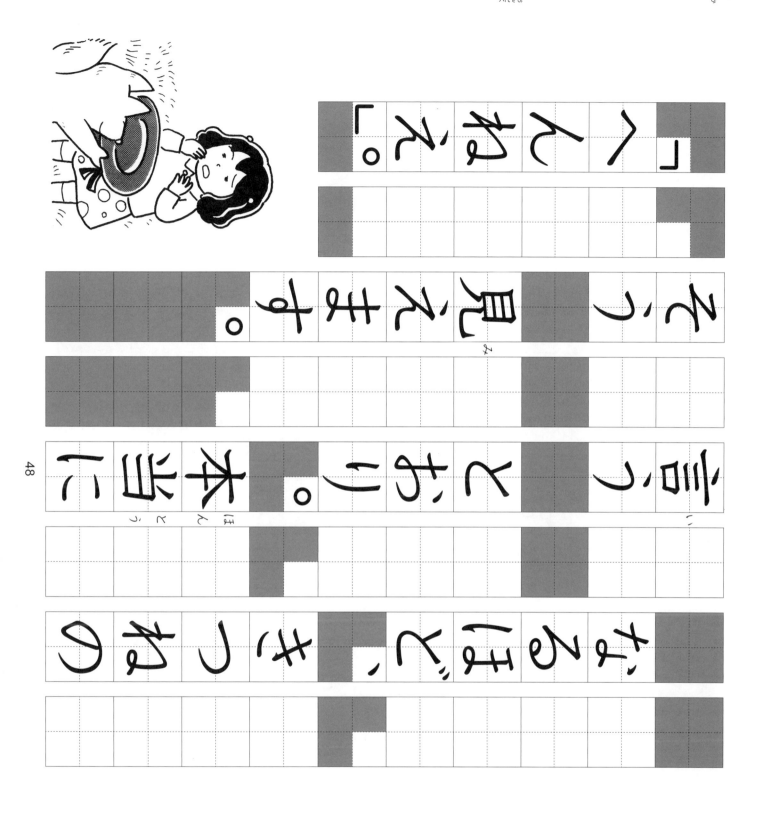

「へんな ねこ。」

そっと 見えます。

言って、本当に

なまえを まじめ、なしの

（令和二年度版 東京書籍 新しい国語 二上に ありません）

文しょうを 音読してから、「 」を 書きこみましょう。

名前を 見て ちょうだい ⑩

名前

48

文しょうを　音読してから、書き　うつしましょう。

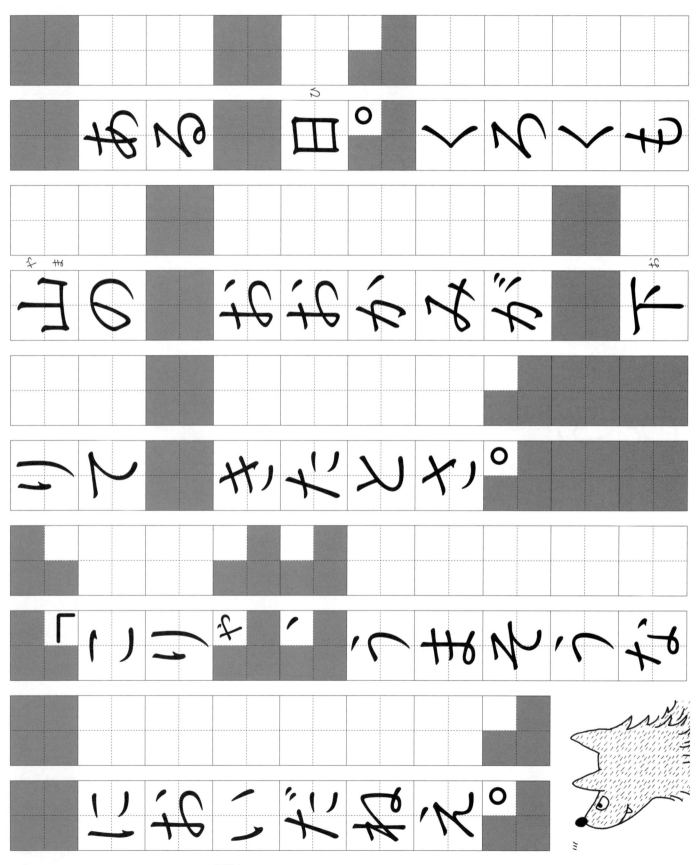

あら　日。　くらくも

出の　おおかみが　下

こて　きただんす。

「こ」「こ」、し　がんくしな、た

に　おい　だね、え。

★書き　おわったら、もう　いちど、音読しましょう。

（令和二年度版　教育出版　ひろがることば　小学国語　二上　あまん　きみこ）

49

きつねの　おきゃくさま　②

名前

文しょうを　音読してから、書き　うつしましょう。

ふん　ふん、ひよこ
に、あひるに、うさ
ぎだな。」
「いや、まだ　いるぞ。
きつねが　いるぞ。」

★書き　おわったら、もう　いちど、音読しましょう。

（令和二年度版　教育出版　ひろがることば　小学国語　二上　あまん　きみこ）

文しょうを 音読してから、書き うつしましょう。

はねが きつね、いいだって言った。

とび出した。

きつねの からだ ごいから

ゆうきが りんごとん とん

わいた。

51

★書き おわったら、もう いちど、音読しましょう。

（令和二年度版 教育出版 ひろがることば 小学国語 一上 おきゃくさま）

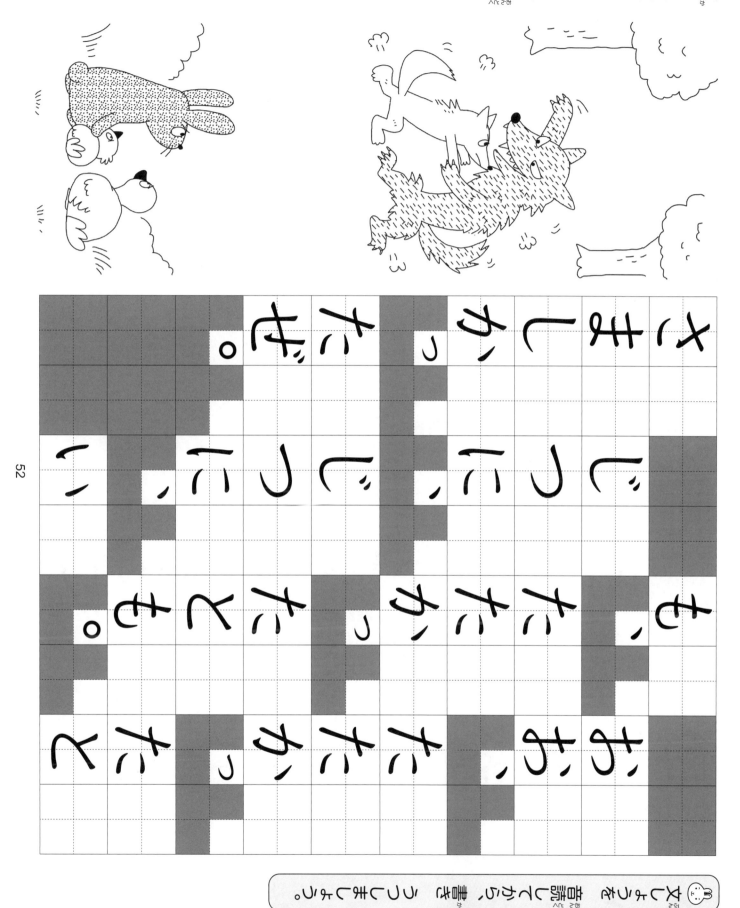

★漢字を おぼえながら いくつか 音読しましょう。

（令和二年度版 教育出版 ひろがることば 小学国語 二上 による）

52

文しょうを 音読しながら 漢字を 書きましょう。

おはなし すじをよく味わう ④

名前

🐰 文しょうを 音読してから、書き うつしましょう。

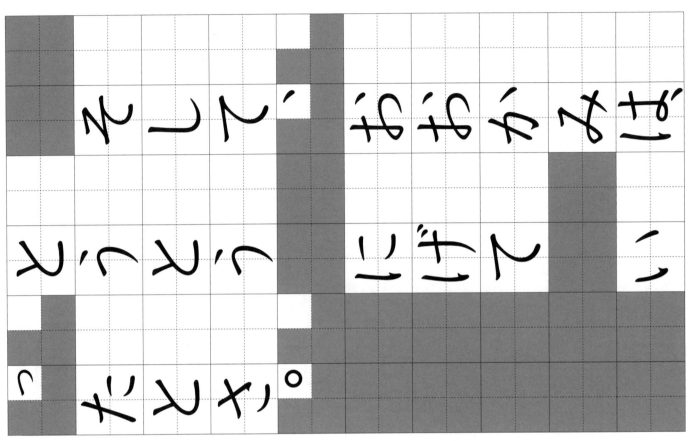

おおかみは、きつねに とびかかって、ガブッと やりました。

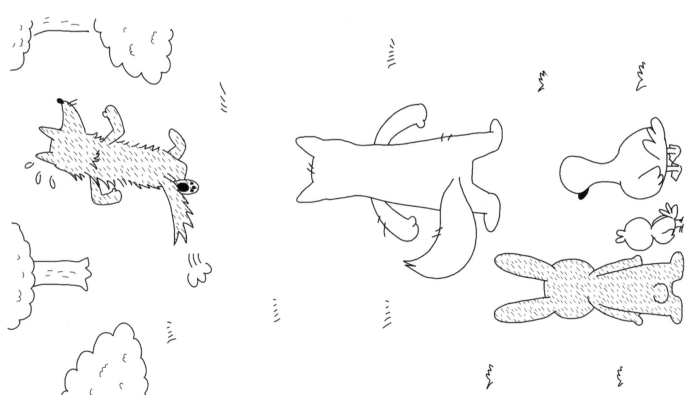

53

★書き おわったら、もう いちど、音読しましょう。　　　（令和二年度版 教育出版 ひろがることば 小学国語 二上 あまんきみこ）

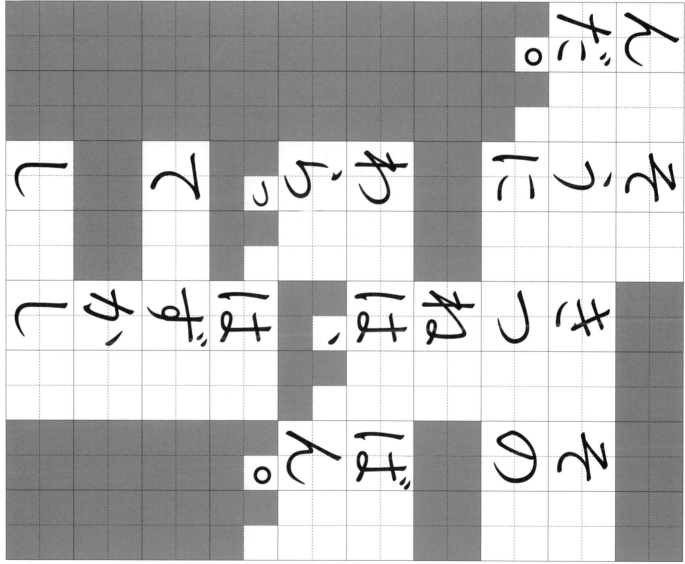

文しょうを 音読して、かん字を 書きましょう。

（令和二年度版 教育出版 小学国語 二上より
ひろがる せかい
かたつむりは
あります。
ません。）

54

おはなの あらすじメモ　⑥　名前

文しょうを　音読してから、書き　うつしましょう。

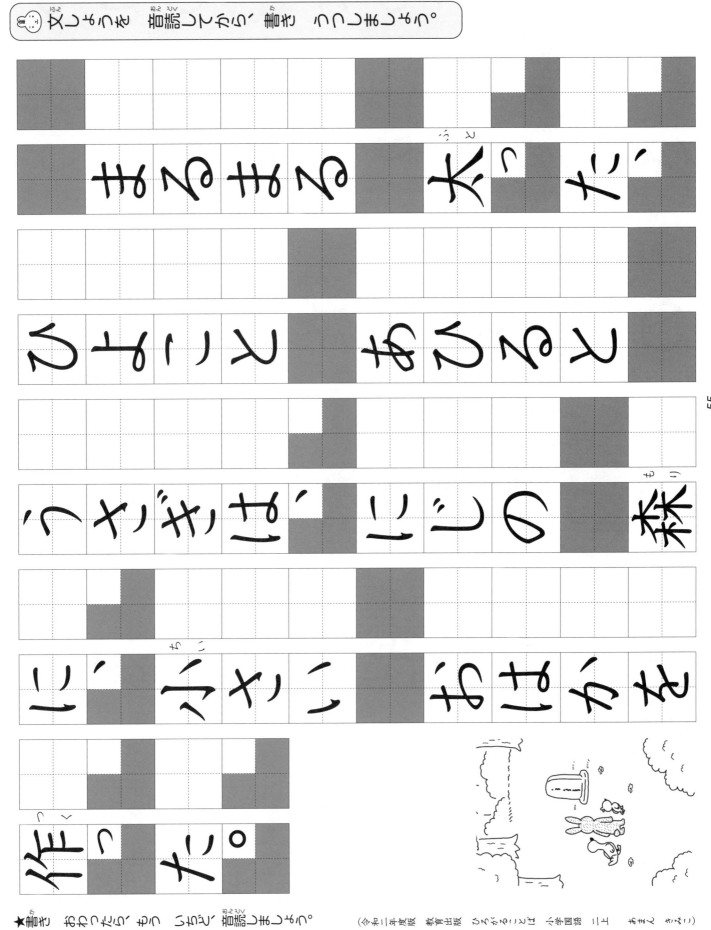

★書き　おわったら、もう　いちど、音読しましょう。

（令和二年度版　教育出版　ひろがることば　小学国語　二上　あまん　きみこ）

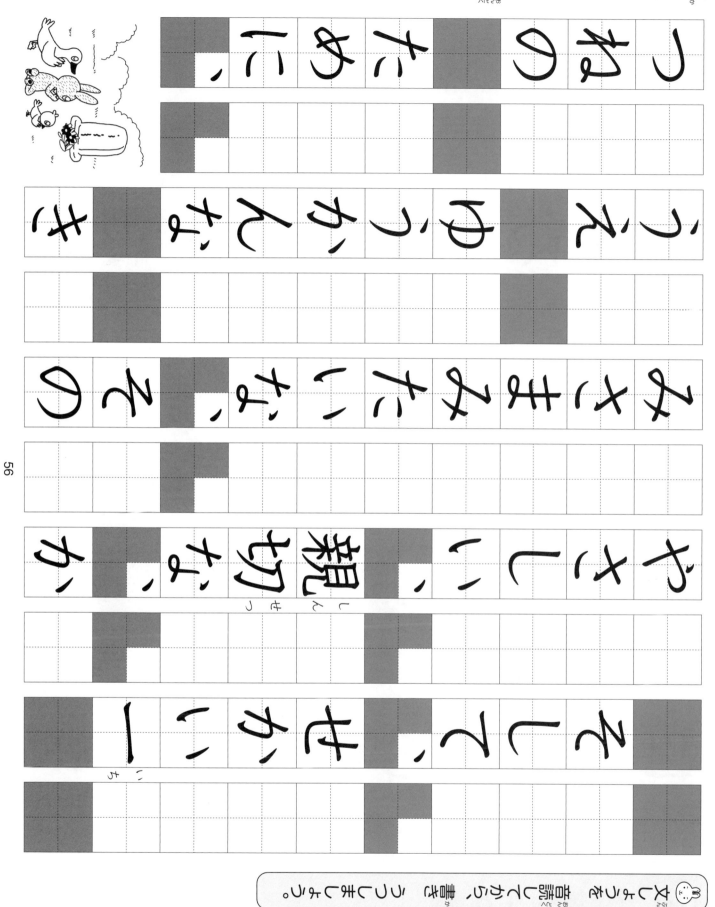

こなの　ために　ふ
え　てゆっかんださ　ま
せん　たにたま　に　その
か　して、し　に　しんせつだ、な　し、か
を　して、せ　かに　ー

56

（令和二年度版　教育出版　ひろがる言葉　小学国語　二上　により　ます。）

😊 文しょうを　音読してから、書きうつしましょう。

🐰 ⑧　おはなの　かせつてんきゅう　名前

文しょうを 音読してから、書き うつしましょう。

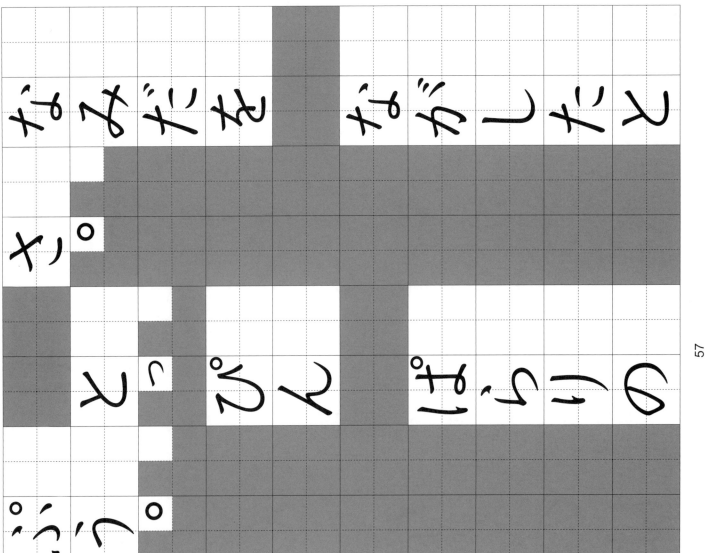

★書き おわったら、もう いちど 音読しましょう。

(令和二年度版 教育出版 ひろがることば 小学国語 一上 あまん きみこ)

57

				あ み	あさ
へ	こ	ちか	と	うン	あ そ
				せ み	せ
は	の	へ	なご	ん	さん み

58

たにがわ　わたけ　ちょうめい

みさと

くん 読みかたに ちゅういして、書きましょう。

（令和二年度版　光村図書　こくご一上　かざぐるま　「こえに　だして　よもう」）

しを 音読してから、書き うつしましょう。

みんみん　　　　　　　　たにかわ しゅんたろう

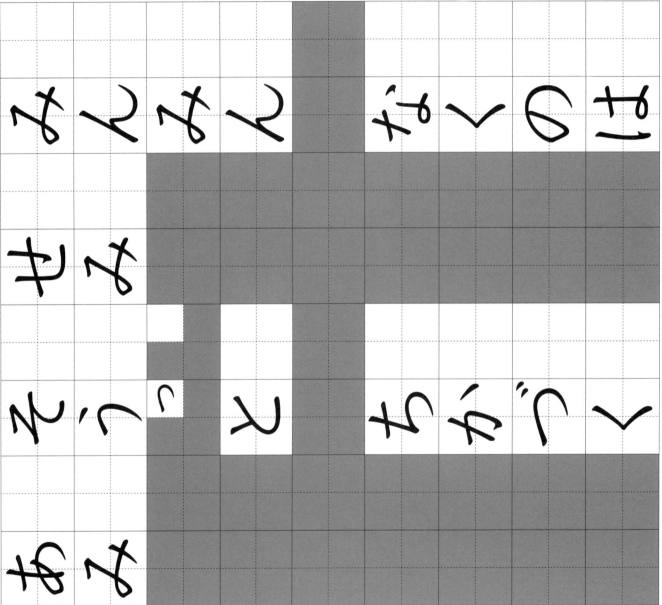

みんみん　みんみん　なくのは

せみ

ぬっつ　っ　と　ちがっく

あみ

59

★書き おわったら、もう いちど、音読しましょう。

（令和二年度版 光村図書 こくご 一上 たんぽぽ たにかわ しゅんたろう）

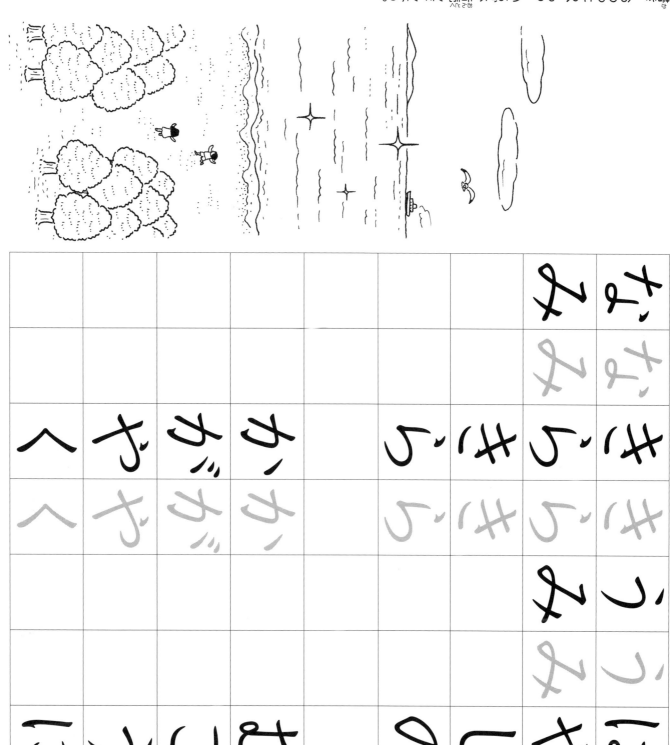

（令和二年度版 光村図書 こくご 一上 かざぐるま）

60

⚫ つぎの 文章を ていねいな 字で 書きましょう。

③ なつ　名前

しを 音読してから、書き うつしましょう。

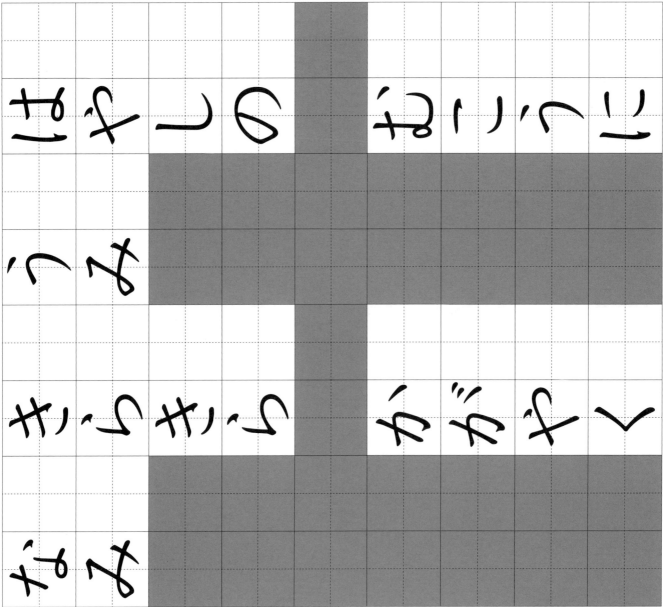

はやしの

こみ

きらきら

かがやく

なみ

なこつに

なみ

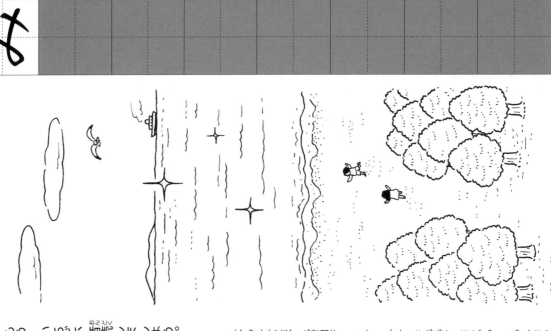

★書き おわったら、もう いちど、音読しましょう。

（令和二年度版 光村図書 こくご 一上 たんぽぽ たにかわ しゅんたろう）

62

（令和二年度版　光村図書　国語一上　かざぐるま　「みんなに　しらせよう」ほか　による）

つぎの　音読しながら　書き　こつよう。

⑤　ふくしゅう

名前

★ぶんを 音読してから、書きましょう。

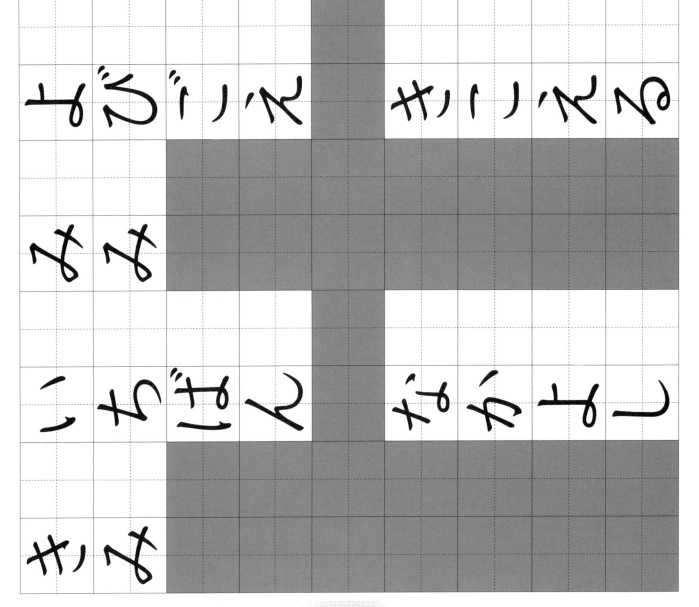

きみと みみは いちばん なかよし

63

★書き おわったら、もう いちど 音読しましょう。　　（令和二年度版 光村図書 こくご 二上 たんぽぽ たにかわ しゅんたろう）

Barber

（令和二年度版 光村図書 こくご一上 かざぐるま 「はなの みち」による）

64

ぐんまに かとみ
かなに とい
みなの たね
のこ たた
たた たね

つぎ 音読してから、書きましょう。

みかん ⑦
名前

えを 音読してから、書き うつしましょう。

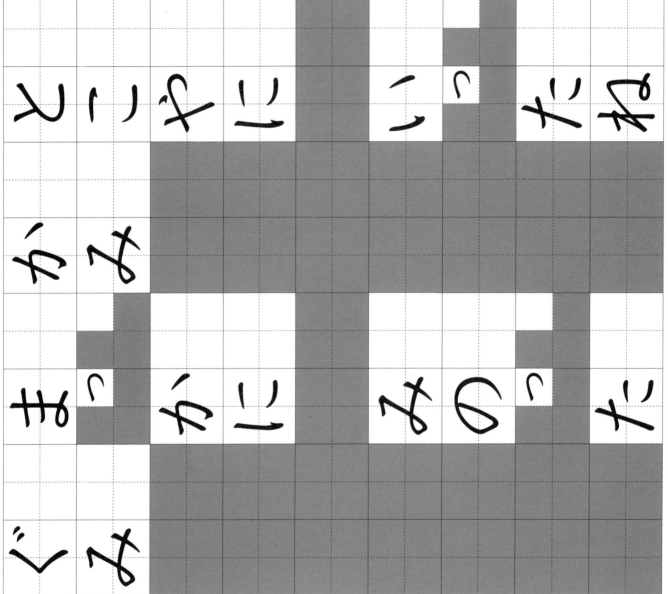

と　し　ょ　に　　こ　っ　　た　ね
か　み
ま　っ　　か　に　　み　の　っ　　た
じ　み

★書き おわったら、もう いちど 音読しましょう。

(令和二年度版 光村図書 こくご 一上 たんぽぽ だがわ しゅんたろう)

（令和二年度版　光村図書　二年上）

たにがわの　たき

わたしたち　たにがわ

なつみせん

は	の	へ	な	ん	せ	ん
に	ん	こ	ち	と	な	み
へ	こ	が	の	し	こ	し
よ	か	だ	し	は	ら	き
く	な	か	ら	ら	み	さ
				さ	み	な
						だ

なぞって、おぼえましょう。また、つながる　ことばが　書けましたか。

なつみせん　⑨　名前

し を あんしょうしましょう。おぼえたら 書きましょう。

みんみん　　　　　　　　　たにかわ しゅんたろう

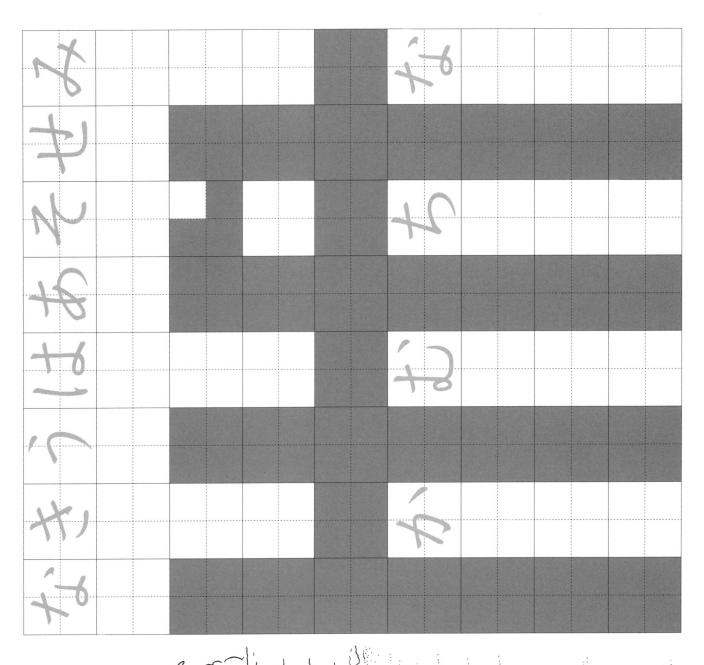

67

ぐ く ま さ ん は 、 い ち ば ん
さ き に か な に に は ん
み の に な か ば い な
た し と か な し と た ち
ら て な し き い た し ち

（令和二年度版　光村図書　こくご　一上　かざぐるま　ほんだ　せんり「たぬきの糸車」による）

なつと　(一)　名前

つまる音「っ」、はねる音「ん」。まとめて　つなげて　書けますか。

しを あんしょうしましょう。おぼえたら 書きましょう。

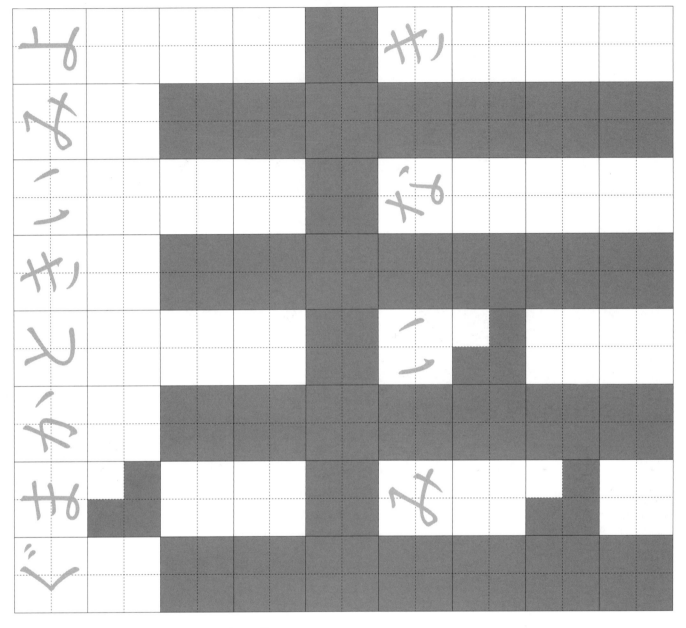

★書き おわったら、もう いちど、音読しましょう。

（令和二年度版 光村図書 こくご 一上 かざぐるま たにかわ しゅんたろう）

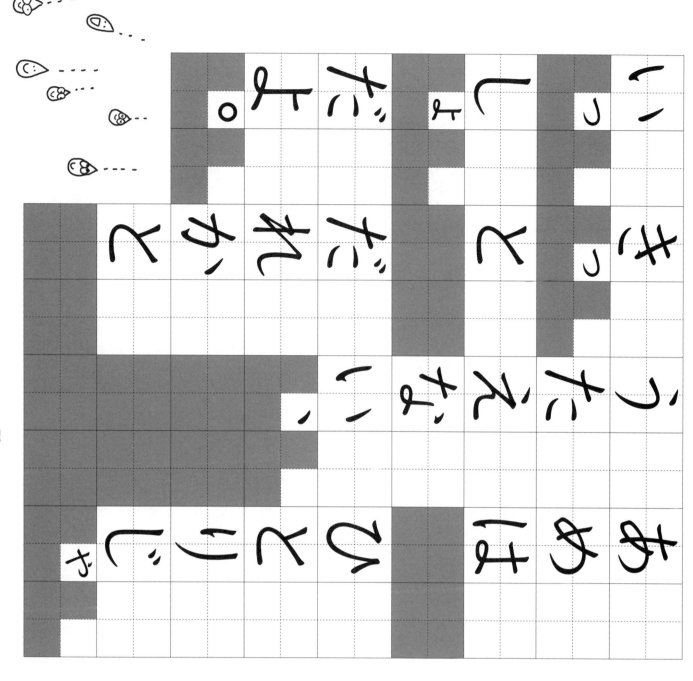

雨のうた

くみ なまえ

（令和二年度版 光村図書 こくご 二上 たんぽぽ 「雨の うた」による）

70

つぎ 音読してから、□に、漢字を 書きましょう。

名前

① 雨のうた

雨のうた ②

名前

しを 音読してから、書き うつしましょう。

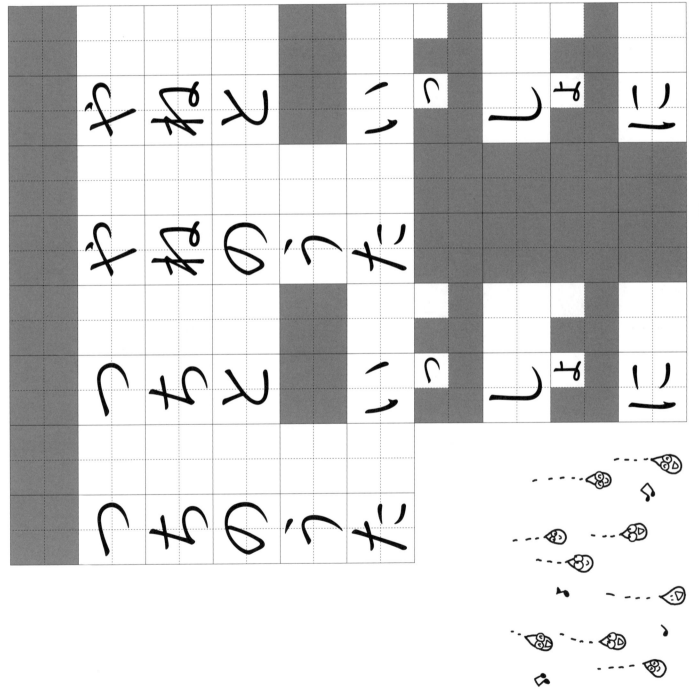

やねと いっしょに

やねの うた

★書き おわったら、もう いちど、音読しましょう。

（令和二年度版 光村図書 こくご 一上 かざぐるま「あめ まさお」）

はな と いっしょに はなのうた。

かわ と いっしょに かわのうた

音読しながら、音読を つづけましょう。

雨のうた ③	名前

（令和二年度版 光村図書 こくご 一上 かざぐるま 「あめのうた」による）

しを　音読してから、書き　うつしましょう。

あめは　　だれとも

なかよしで、

どんな　うただでも

し、てもす。

73

あめのうた ⑤

名前

😊 つよく はつおんする かなを、おおきく かいて あらわしてみよう。

しとしと しとじて
やねのうた

ぴちぴち ぴちぴち
つちのうた

とんとんとん

（令和二年度版 光村図書 国語二上 たんぽぽ より）
そらで うたえば そらのうた。

74

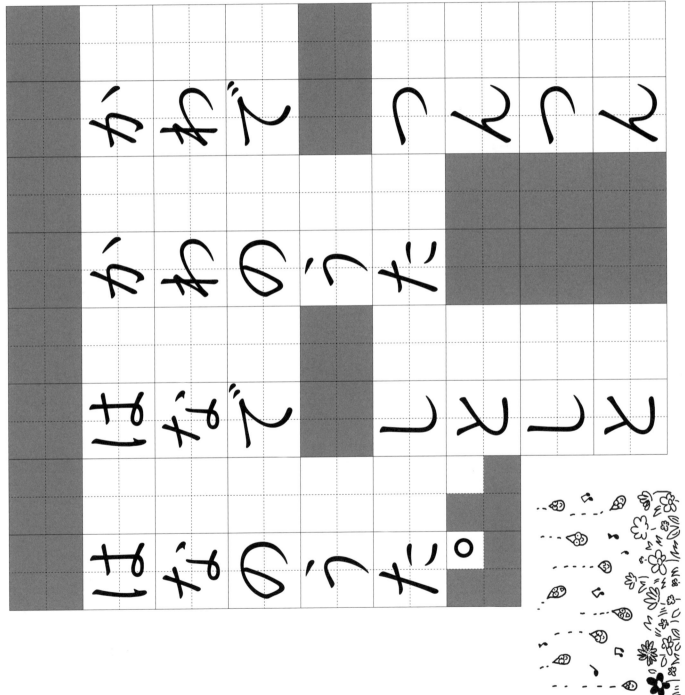

しを 音読してから 書き うつしましょう。

かわと いっしょに
かわのうた。
はなと いっしょに
はなのうた。

★書き おわったら、もう いちど 音読しましょう。

（令和二年度版 光村図書 こくご 一上 かざぐるま「あめ」まどみちお）

おてほんを なぞり、こえに だして おんどくしましょう。

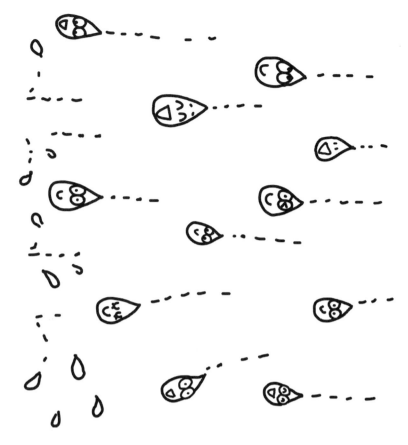

雨のうた

つるみ まさお

あめは ひとりじゃ うたえない。
きっと だれかと いっしょだよ。

（令和二年度版 光村図書 国語 一上 かざぐるま「あめのうた」による）

76

＜つ＞音読して、おぼえましょう。また、つなぎ 書きましょう。

⑦ 雨のうた

名前

しを あんしょうしましょう。おぼえたら 書きましょう。

雨のうた

つるみ まさお

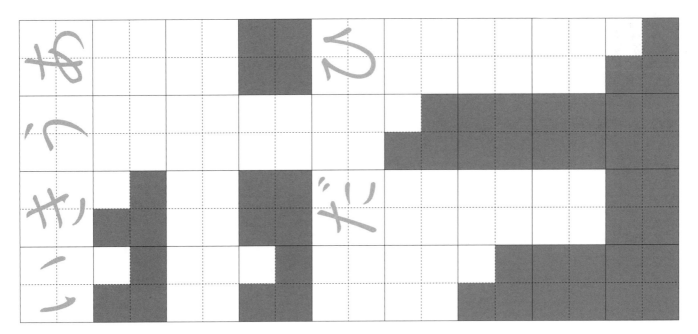

★書き おわったら、もう いちど、音読しましょう。

（令和二年度版 光村図書 こくご 二上 たんぽぽ 「あめ まさお」）

はなと いっしょに はなのうた
かわと いっしょに かわのうた
やねと いっしょに やねのうた
つちと いっしょに つちのうた

（令和二年度版 光村図書 こくご 一下 ともだち しゅざい）

78

つよく 音読して おぼえましょう。また、しを ぜんぶ 書きましょう。

雨のうた ⑨　名前

しを あんしょうしましょう。おぼえたら 書きましょう。

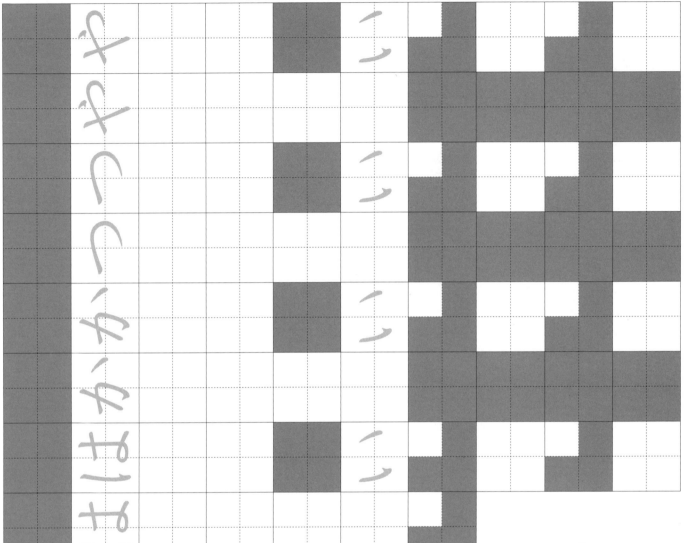

79

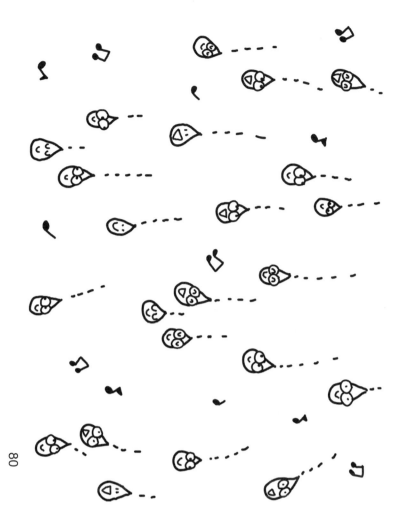

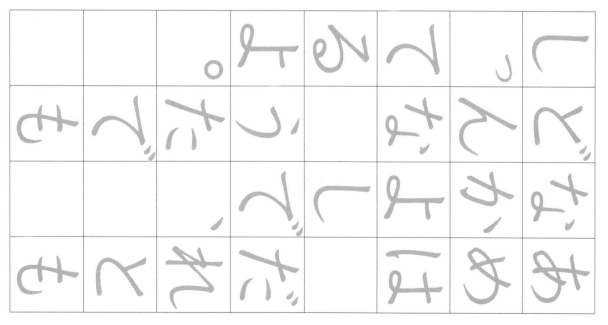

うた を 音読して、おぼえましょう。はらって つなぐ 音を 書きましょう。

			ん。	よ	だ	いっ
も	てと	うたっ	うたっ	てなか	んかが	てなか
		てっ	してっ	しょに	あめ、	あめ、
も	と	れ	だ	は	あわ	あめ

（令和二年度版　光村図書　こくご　一上　かざぐるま　「あめ」より）

名前

雨のうた　（二）

名前

しを あんしょうしましょう。おぼえたら 書きましょう。

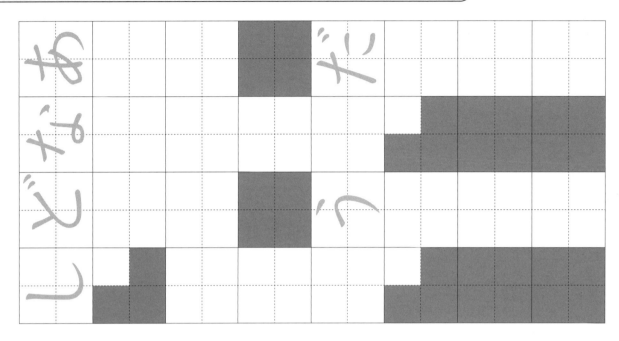

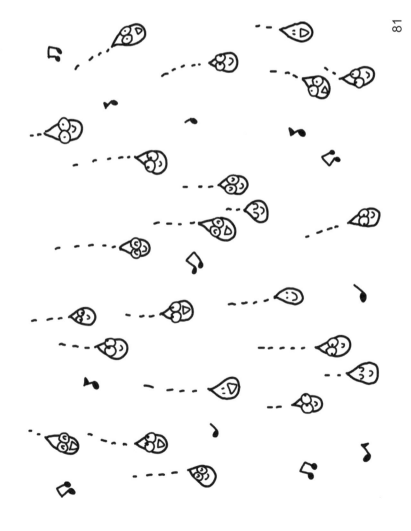

★書き おわったら、もう いちど、音読しましょう。　　　（令和二年度版 光村図書 こくご 一上 かざぐるま 「あめ まどお」）

はなと　いっしょに　やねのうた
かわと　いっしょに　かわのうた
つちと　いっしょに　つちのうた
たのしく　うたった
たのしく　うたった

⑬ 雨のうた（あめのうた）　名前

音読して、おぼえましょう。また、つぎを　書きましょう。

（令和二年度版　光村図書　国語一上　かざぐるま　11ページ）

（令和二年度版　光村図書　国語一上　かざぐるま　「あめの　うた」　つるみ　まさお）

★しを あんしょうしましょう。おぼえたら 書きましょう。

やねと
やねの
うた

やねと
つちと
つちの
うた

ほほ

あめ
ぴし
ひ
つ

83

★書き おわったら、もう いちど 音読しましょう。

（令和二年度版 光村図書 こくご 一上 たんぽぽ「あめ」つるみ まさお）

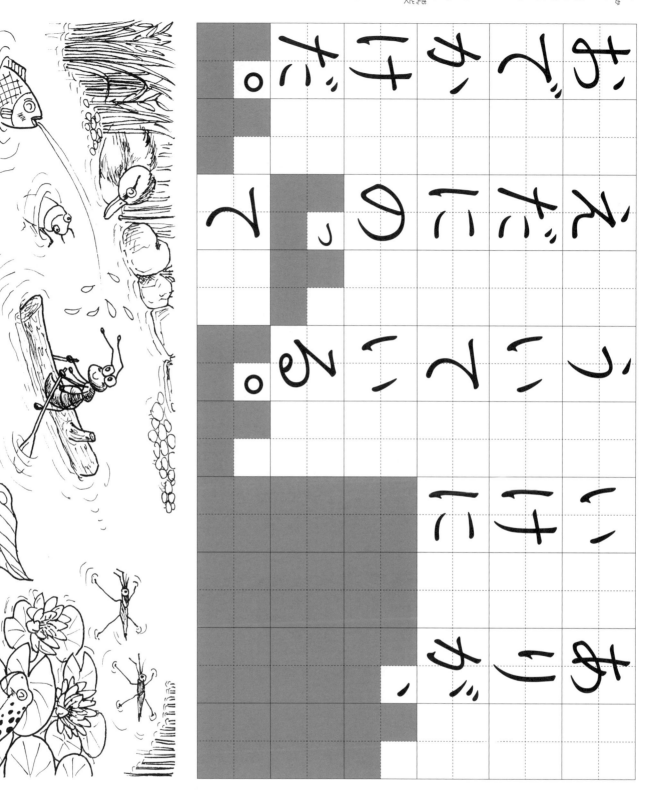

おんどりが
けだ。

えだに
の　って

ういて
いる。

いけに

ありが、

おたまじゃくし

（令和二年度版　光村図書　国語　一下　ともだち「どうやってみをまもるのかな」による）

84

⑤　文しょうを　音読してから、音読を　書きましょう。

| はねがあるなかま（一） | 名前 | |

★ 文しょうを 音読してから、書き うつしましょう。

おかさたな

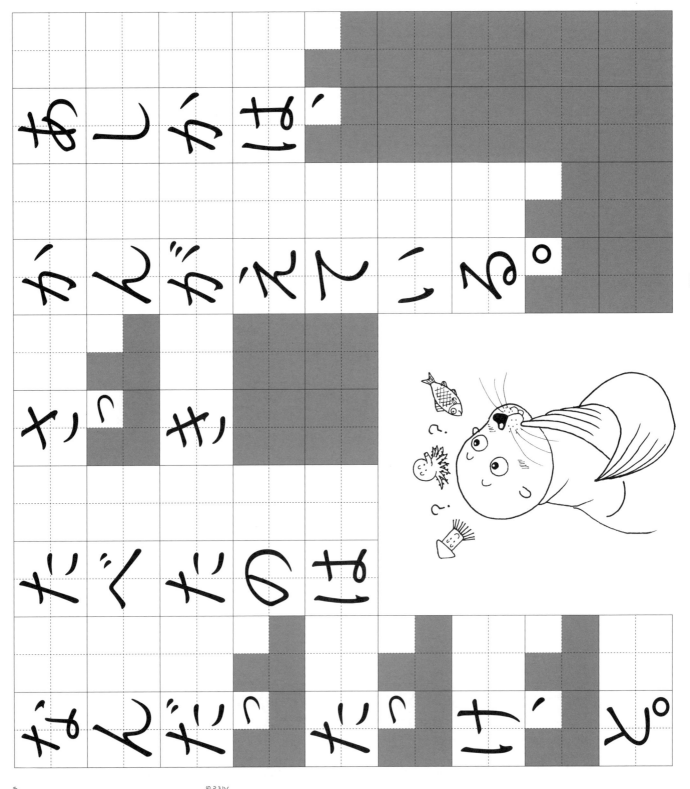

あしかは、
かんがえていらっしゃる。
さっき
たくだのは
なんだっしたっけ、と。

★書き おわったら、もう いちど、音読しましょう。　（令和二年度版 光村図書 こくご 一上 かざぐるま「いろはあそびをしよう」による）

😊 文しょうを　音読して、おぼえましょう。また、文しょうを　書きましょう。

おてつだい

		が	り	あ
		に	け	い
ぽ	い	て	い	う
て	の	に	だ	え
だ	け	か	て	お

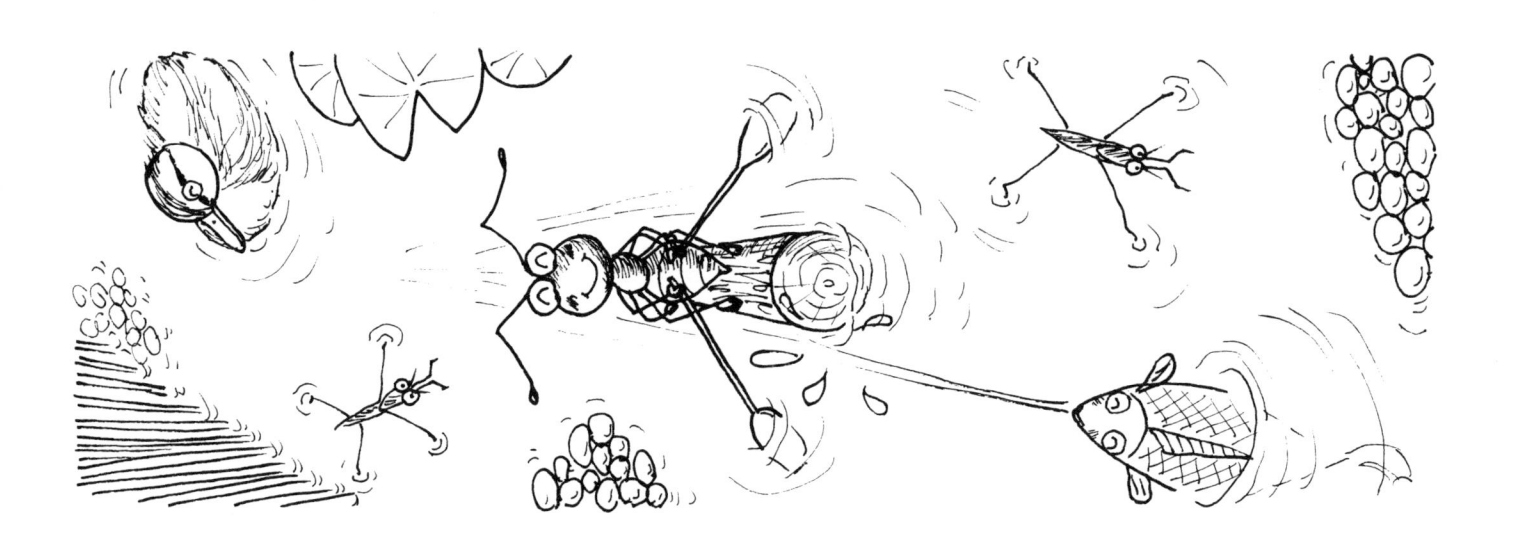

86

文しょうを あんしょうしましょう。おぼえたら 書きましょう。

あいうえお

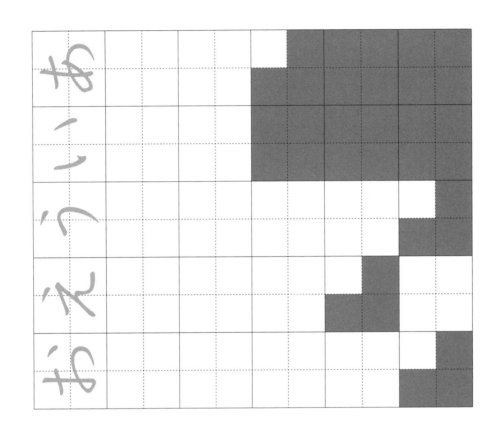

あい
うえ
お

87

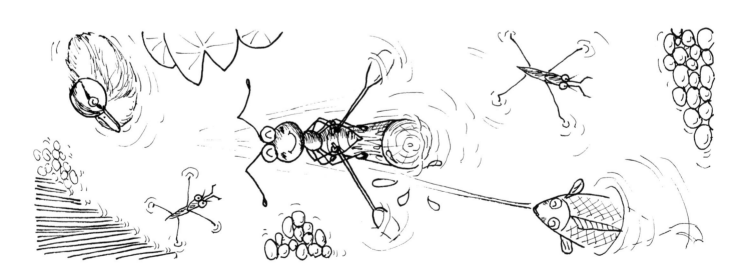

★書き おわったら、もう いちど、音読しましょう。　　（令和二年度版 光村図書 こくご 一上 たんぽぽ「こえをあわせよう」による）

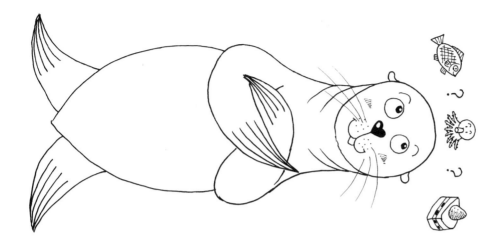

あかなた

			な
			ん
			べ
			だ
			た
			の

（※本文は、光村図書　令和二年度版　一年上「うみのかくれんぼ」より）

⑤　名前
リスはぜんぶたべる

文しょうを　音読して、おぼえましょう。また、文しょうな　書きましょう。

文しょうを　あんしょうしましょう。おぼえたら　書きましょう。

あかさたな

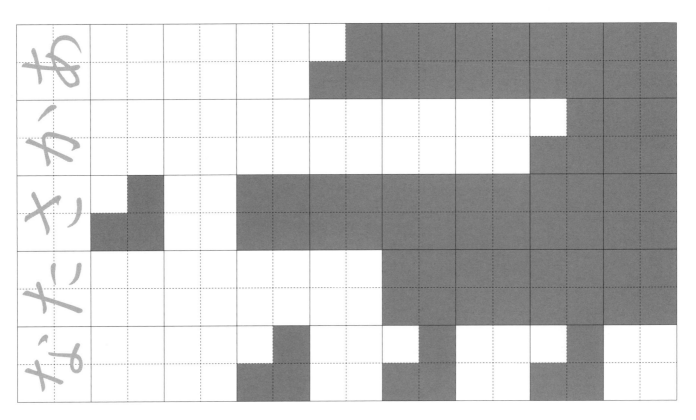

あ
か
さ
た
な

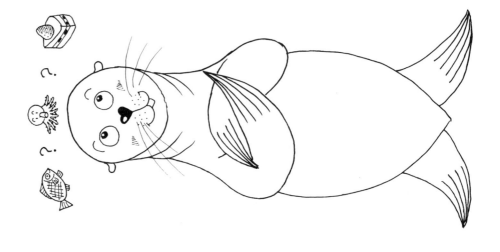

★書き　おわったら、もう　いちど　音読しましょう。

（令和二年度版　光村図書　こくご　一上　たくば「ことばあそびをしよう」による）

89

点（、）・丸（。）①　名前

● 点（、）と 丸（。）を 一ます あけて、文を 書きましょう。

①

わたしは ピアノを ひきます。

②

このしゃしんは ぼくです。

③

やまださんが はっぴょうを します。

● 点（、）と　丸（°）を　一つずつ　つけて、文を　書きましょう。

① 本を読んだ後外く出かける

② ねる前に電気をけす

③ きのう出のほりをした

①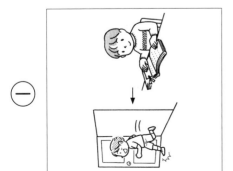

②

③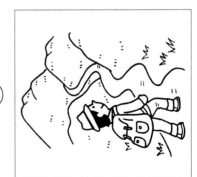

③

②

①

● 点（、）と　丸（。）を
つけて、文を
書きましょう。

① わたしは　魚が　すきです

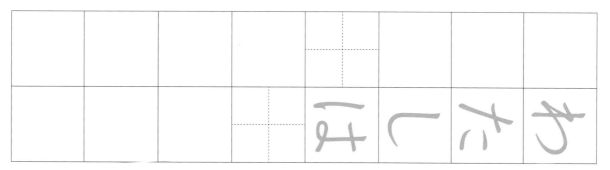

わ　た　し　は

② 白い　犬が　ほえてる

色　い　犬　が

③ ぼくの　兄は　あさ　にげました

92

● 点（ 、）と 丸（ 。）を 一つずつ つけて 文を 書きましょう。

一　教室で　ノートに字を書く

教	室で				

② ごはんを食べた後に　はをみがく

ご	は	ん	を	食	べ	た後

③ 明日は　弟のたん生日だ

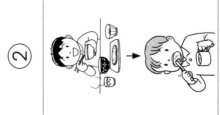

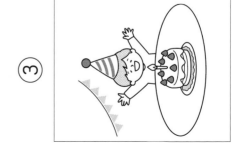

ぶんの べんきょう ①　名前

えを みて、つぎの 文が つづけて 書けるように ( )に、①②の えに あうように、②の 文に 点(、)と 丸(。)を 書きなおしましょう。

だれか
のどて
すか

①

②

①

							だ
て	の	た	い	か、	。	れ	

②

							だ
て	の	た	い		か、	れ	

● つぎの 文が 絵に あうように、点（、）と 丸（。）を つけましょう。そして、①、②の 文に 書きなおしましょう。

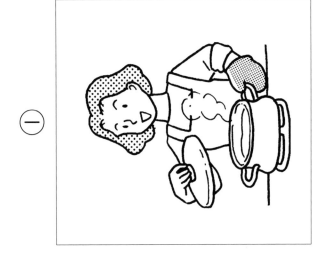

①

②

いますぐたべてください

①

②

ことばの べんきょう ③

名前 _____

□の 文（ぶん）が 絵（え）に あうように、①②の 二（ふた）つの 文（ぶん）に 点（、）と 丸（。）を 書（か）きなおしましょう。

ここではおはなしのなかです

①

②

①

②

● つぎの　文（ぶん）しょうが　正（ただ）しい　書（か）き方（かた）に　なるように、□に、丸（まる）（。）、点（てん）（、）、かぎ（「」）を　つけて、書（か）きましょう。

①

家（いえ）の　に　わ　に　朝顔（あさがお）が　さ　い
て　い　る　の　を　見（み）て　わ　た　し
は
き　れ　い　だ　ね
と　言（い）い　ま　し　た

②

きょ　う　の　お昼（ひる）に　妹（いもうと）と
お　に　ぎ　り　を　し　て　く　り　ま
し　た　て　き　あ　が　っ　た　お　に
の　み　か　き　を　見（み）て　妹（いもうと）が
早（はや）く　食（た）べ　た　い
と　言（い）い　ま　し　た

点（、）、丸（。）、かぎ（「」）
名前

② （「」）かぎ （。）丸 （、）点

つぎの文しょうが、丸（。）、点（、）、かぎ（「」）を つけて、正しい 書き方に なるように、□に ○をつけて、書きなおしましょう。

②
と言いました

おかあさんに

て食べたいとおもいました

たいしてなんてし

もほしいたには

にちようび曜日に　家ぞ　へて　□

①
としけました

たいとなけました

たしは

かけいましたわ

か、きょう休みじかんに　山川さまん　□

● □に　入る　同じ　ことばを　考えて、ひらがな　□に　書きましょう。

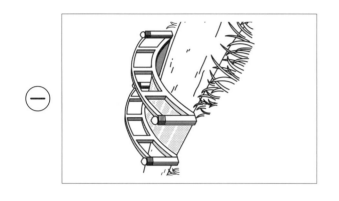

①

川に　☐☐　が　かかって　いる。

②

ごはんを　食べるときは、☐☐　を　つかう。

③ おさらに　☐☐　を　食べる。

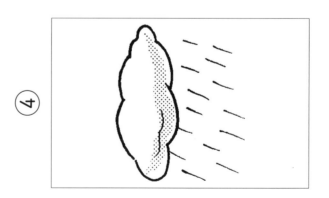

④ きょうの　天気は、☐☐　です。

② 名前

いんの ちがいでも、同(おな)じ □いんは

□に 入(はい)る じは 同(おな)じ □いんを 考(かんが)えて、ひらがなを □に 書(か)きましょう。

① 家(いえ)の中(なか)で、□□を見(み)つけた。

② 空(そら)に、□□がうかんでいる。

③ 弟(おとうと)が、本(ほん)を読(よ)んでいる。

④ 毎朝(まいあさ)、コーヒーを□□む。

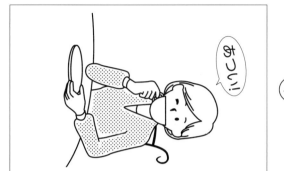

あつい!

きせつの ことばを つかった 文作り（春）

名前

(1) つぎの 絵を 見て、春を かんじる ことばを 三つ 書きましょう。

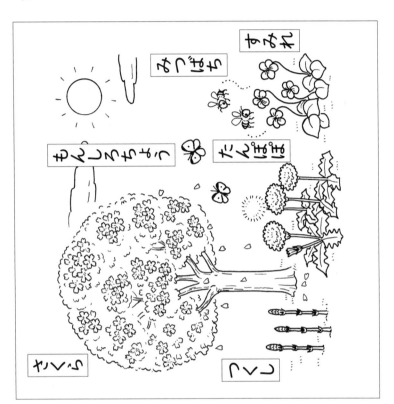

101

(2) つぎの ことばを つかって 春を かんじる 文を 作りましょう。

① 【なの花・さく】

② 【ひな人形・かざる】

なつの　ことばで　ぶんを　つくろう（夏）　名前

（1）つぎの　絵を　見て、夏を　かんじる　ことばを　三つ　書きましょう。

かぶと虫

きゅうり

トマト

ひまわり

なす

（2）つぎの　ことばを　つかって、夏を　かんじる　文を　作りましょう。

①【スイカ・食べる】

②【花火・見る】

102

● 絵を 見て、日記を 書きましょう。

三月五日（土）
お昼に
お花見をした。

おにぎり

サンドイッチ

とても楽しいな。
またお花見を
したいな。

103

月　日（　曜日　）

お昼に、お花見をしま

した。おにぎりと、サンド

イッチをたべました。とても

楽しかったので、またお花見

をしたいです。

● 絵を 見て、[　]に あてはまる ことばを 入れて、日記を 書きましょう。

四月二十日（水）
おばあちゃんと 公園を さんぽした。

この花の 名前は つつじだよ。

とても きれいだね。

とても［　　　］でした。

だと おしえて もらいました。

いた花の［　　　］は［　　　］

［　　　］しました。さいて

［　　　］と［　　　］を

月　日（　曜日）

かんさつした ことを 書こう ①　名前

● メモを 見て、かんさつカードを 書きましょう。

九月三十日（金）

コスモス

公園

花の色はうすいピンク色

高さはこしくらい

はっぱは、細くてとがっている

花のまん中が黄色

月　　日（　曜日　）

コスモスが、公園に

たくさんさいていました。

花の色はうすいピンク色で、

花のまん中が黄色でした。

はっぱは、細くてとがって

いました。高さはこしくらい

までありました。

105

● メモを 見て、[　]に あてはまる ことばを 入れて、
　かんさつカードを 書きましょう。

六月二十三日（木）

カタツムリ

はっぱの上

からはうずまきもよう

さわるとかたい

大きさは五百円玉くらい

うごきはとてもゆっくり

月　　日（　曜日　）

[　　　]の上にいる

[　　　]をみつけ

ました。からは[　　　]

もようで、さわると[　　　]

です。大きさは[　　　]

くらいでした。うごきは

とても[　　　]でした。

じゆうに　書いてみよう　|　名前

● 日記や　かんさつした　ことを　じゆうに　書きましょう。
　上の　□には　絵や　メモを　書きましょう。

（２）

て、こえをかけられた人ぶつになりきって、□に入れることばを入れて、文しょうを書きましょう。

と　　　　　　って　くれました。

「　　　　　　　　　　　　　　　」

遊んでいて、　　　　　　　　　　　ちかく

校ていでころんで、田中さんが

なきだしてしまい、ころんだかれを

…こんばんの ごはんは・　→

・こんにちは。
・だいじょうぶ。
・ありがとう。
・上手（じょうず）だね。

（１）

つぎの えは、どんな ことばが あてはまりますか。　□　から えらんで、□に 書きましょう。

こえかけに
ついての
文（ぶん）を作（つく）るには
①

名前

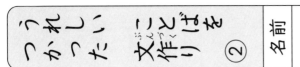
(1) つぎの ばめんでは どんな ことばが あてはまりますか。□から えらんで □に 書きましょう。

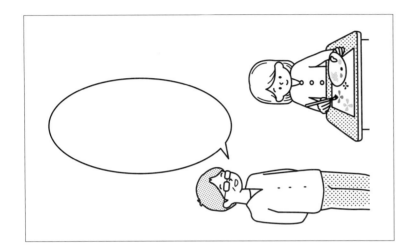

・上手(じょうず)だね。

・ありがとう。

・だいじょうぶ。

・いっしょに あそぼう。

・ふきだしの ことば → 　

(2) (1)で えらんだ ことばを 入れて 文しょうを 書きましょう。

休(やす)	み	じ	か	ん	に	絵(え)	を	か	い
て	い	る	と	、	先(せん)	生(せい)	が	近(ちか)	く	く
き	て	、							
「					」				
と	言(い)っ	て	く	れ	ま	し	た	。	

うれしい
文作りを
しよう
③

名前

（1）つぎの　ことばは、どんな　ことばが　あてはまりますか。
□から　えらんで　□に　書きましょう。

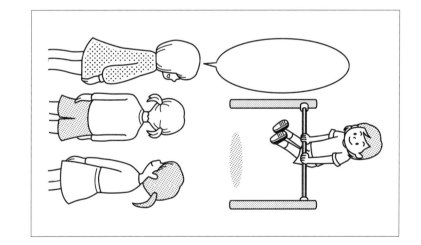

・しゅくだいを　てつだって　くれた。
・だいじょうぶ　だよ。
・ありがとう。

（2）えに　あう　「　」に　入る　ことばを　かんがえて、文しょうを　書きましょう。

・・・たから、うれしい。　←

「ぼくの　クラスの　友だちが　ころんで　けがを　して　休みました。

」

とても　うれしそうに　ほほえんで　くれました。

(1) このえの ばめんでは どんな こえが きこえますか。□から えらんで □に 書きましょう。

・あっ。

・だっこして。

・こっちにおいで。

・ふとんの こえ →［　　　　　　　　　　　］

(2) (1)で えらんだ こえを 入れて 文しょうを 書きましょう。

家で、せんたくものを

たたみました。おてつだいを

したら、おかあさんが、

「　　　　　　」

と言ってくれました。

ものの　なまえを　かたかなで　文を　作りましょう。

【れいの　なまえ】

① にっこり

こあらが　わらう。
なんと　いって　いる。

② ツンツン

③ ニャーニャー

④ コケコッコー

かたかなで
文を書く①
ことばを

名前

かたかなで 書く ことばを つかった 文作り ②

名前

【いろいろな ものの 音】

● つぎの ことばを つかって 文を 作りましょう。

① ゴロゴロ

かみなりが ゴロゴロ なって いた。

② ガタガタ

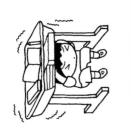

③ ゴクゴク

④ パクパク

113

カタカナで文を書く ③ ことばを

名前 [　　　]

● 【外国からきたことば】 つぎの ことばを つかって、文を 作りましょう。

① ピアノ。

> わたしは ピアノを ひく。

② クレヨン

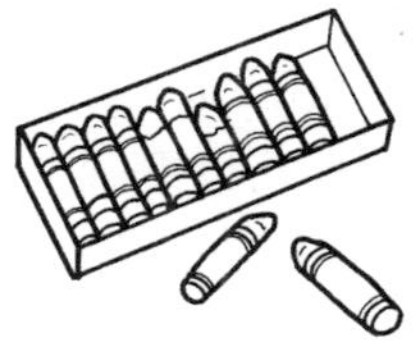

③ テーブル

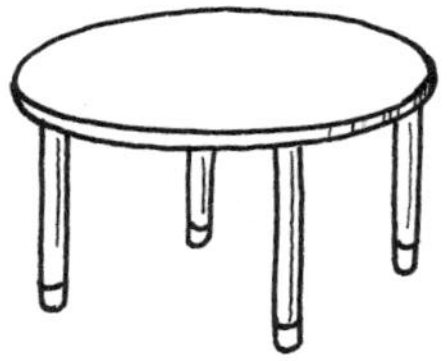

④ コップ。

【食べもの】

● つぎの ことばを つかって 文を 作りましょう。

① マヨネーズ

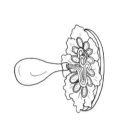

サラダに マヨネーズを

かける。

② ケーキ

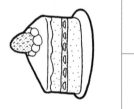

③ ジュース

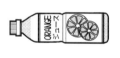

④ バナナ

⑤ かたかなで 文を書こう
カタカナで 書く ことばを

名前

【外国の 国や 土地の 名前】

つぎの ことばを つかって、文を 作りましょう。

① アメリカ

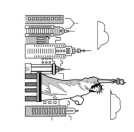

兄が アメリカに りょこうに 行く。

② フランス

③ イギリス

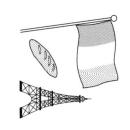

④ ニューヨーク

● 〔れい〕のように、あ・い・うの ことばから はじまる 文を 作りましょう。じぶんで かんがえたり、①〜③の ことばを つかって 作りましょう。

〔れい〕

あ 兄（あに）	あ 兄（あに）が
い いす	い いすの
う 上（うえ）に	う 上（うえ）にすわる

あ

い

う

① 　　　　　　② 　　　　　　③

①	②	③
あ 兄（あに）	あ 朝顔（あさがお）	あ 朝（あさ）
い 妹（いもうと）	い いっぱい	い いつも
う だっこ	う うれしい	う うんどう

117

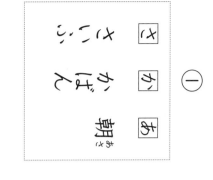

①
ぶん	か	あ
さ	あ	朝（あさ）
は		
ん		

②
ぶん	か	あ
へ	あ	川（かわ）
ら		あした

③
ぶん	か	あ
ん	あ	買い物（かいもの）
ぽ		姉（あね）
し		

〔れい〕

ぶん	か	あ
さ	あ	雨（あめ）

ぶん	か	あ
さ	あ	雨（あめ）がふったので、
か		てんきがよくなった。

●〔れい〕のように、「ぶん」「あ」の「さ」「か」のいちばんからはじまるカードをえらんで、①〜③のことばをつなぐ文を作りましょう。

[ぶん]

[か]

[あ]

118

なかまの ことばと かん字を
つかった 文作り ① 名前 [____]

● [____] の ことばは、「教科」の なかまの ことばです。
〔れい〕のように [____] の ことばを つかって、すきな 教科を
しょうかいする 文を 作りましょう。

【教科】
- 国語
- 算数
- 音楽
- 体いく
- ずこう
- せいか

3 + 5 =
8 ÷ 8

〔れい〕① すきな 教科を 書きます。

> わたしは、音楽が すきです。

② つぎに、その りゆうを 書きます。

> なぜなら、うたを うたうのが
> 楽しいからです。

(一) ① すきな 教科を 書きます。

>

② つぎに、その りゆうを 書きます。

>

なかまの ことばと かん字②
② 天気を あらわす 文作りと かん字
名前

●

〔れい〕の ように、[　] の なかまの ことばの 「天気」の ひとつを つかって、文を 作りましょう。〔れい〕のように、すきな 天気を あらわす 文を 作ります。

【天気】
晴れ ・ 雨
・ くもり
雪 ・

〔れい〕
① すきな 天気を 書きます。

わたしは、雪が すきです。

② そのりゆうを 書きます。

なぜなら、雪であそんだり 作って あそんだり できるからです。

(1)
① すきな 天気を 書きます。

② そのりゆうを 書きます。

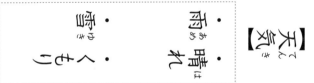

90 頁

点（、） 丸（。） ① 名前

● 点（、）と 丸（。）を 一つずつ つけて 文を 書きましょう。

① わたしは、ピア ノを ひきます。

② この シャツは、 少し 小さい。

③ 山田くんが、は っぴょうする。

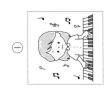 ① 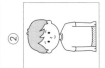 ② ③

90

91 頁

点（、） 丸（。） ② 名前

● 点（、）と 丸（。）を 一つずつ つけて 文を 書きましょう。

① 本を 読んだ後、 外へ 出かける。

② ねる 前に、電気 をけす。

③ きのう、山の ぼ りを した。

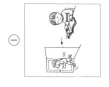 ① ②  ③

91

92 頁

点（、） 丸（。） ③ 名前

● 点（、）と 丸（。）を 一つずつ つけて 文を 書きましょう。

① わたしは 魚がすきです

わたしは、魚がす きです。

② 白い犬がほえている

白い犬が、ほえて いる。

③ ぼくの兄はこうちゃんこにこにこ

ぼくの兄は、こうちゃんこ にこにこ。

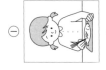 ① ② ③

92

93 頁

点（、） 丸（。） ④ 名前

● 点（、）と 丸（。）を 一つずつ つけて 文を 書きましょう。

① 教室でノートに字を書く

教室で、ノートに 字を書く。

② ごはんを食べた後にはをみがく

ごはんを食べた後 に、はをみがく。

③ 明日は弟のたん生日だ

明日は、弟のたん 生日だ。

 ①  ② ③

93

121

本書の解答は、あくまでひとつの例です。児童に取り組ませる前に、必ず指導される方が問題を解いてください。指導される方の作られた解答をもとに、児童の多様な考えに寄り添って○つけをお願いします。

解答 例

94頁

② すだれで、かいた。
① すだれで、かいた。

だれが　だれで　すか

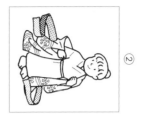

② だれかが、かいた。
① だれかが、かいた。

● ①のように、文しょうの（。）、・、（、）に気をつけて、文しょうの②のように、文しょうと絵があうものと、①のように、文しょうと絵があうものに○をつけましょう。

名前

いこう　へ　に　は

95頁

② にまぶた、すのっか。
① にまぶた、すのっか。

にまぶたのかしら　こします

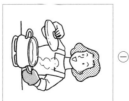

● ①のように、②のように、文しょうの（。）、・、（、）に気をつけて、文しょうと絵があうものに○をつけましょう。

名前

いこう　へ　は　②

96頁

② をいぬいで、きます。は、すきもの
① をいぬいで、きます。は、すきもの

いこいではきものすをぬぎます

● ①のように、②のように、絵があうように、文しょうの（、）に気をつけて、文しょうと絵があうものに○をつけましょう。

名前

いこう　へ　は　③

97頁

と、言いました。「の、みたよ。」
早く見て、みよう。
主べ、食べて、きゃっかを
した、妹が、くへと妹

② と、言いました。「はいて、家の
主ましただ。見るのに
しれ、まいたね。朝
はいるを、見て、わがお
顔わ、だよ。

● 丸（。）つけかた、点（、）つけかた、かぎ（「　」）の正しいつけ方が、文しょうの点（、）、丸（。）「　」が、おかしいものを正しい文しょうに書きかえる書きなおしましょう。

名前

① 丸（。）、点（、）、「　」

解答例

98頁

点(、)、丸(。)、かぎ(「」)② 　名前

● つぎの 文しょうが 正しい 書き方に なるように、□に 丸(。)、点(、)、かぎ(「」)を つけて 書きましょう。

①
昼休みに、山川さんと
かけっこを しました。
わたしは、
「まけないよ。」
と 言いました。

②
日曜日に、家ぞくで
もはりを しました。は
たいもは やきもに し
て 食べました。
「おいしいね。」
と言いあいました。

99頁

書くときの ちがう ことば ① 　名前

● □に 入る 同じ ことばを 考えて、ひらがなで □に 書きましょう。

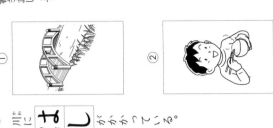

① 川に　は　し　が かかる。

② ごはんを 食べるとき、は　し　を つかう。

③ おやつに　あ　め　を 食べる。

④ きょうの 天気は　あ　め　です。

100頁

書くときの ちがう ことば ② 　名前

● □に 入る 同じ ことばを 考えて、ひらがなで □に 書きましょう。

① 家の中で　く　も　を 見つけた。

② 空に　く　も　が うかんでいる。

③ 弟が　あ　つ　い　本を 読んでいる。

④ 毎朝　あ　つ　い　コーヒーをのむ。

101頁

つかいかたの 文を 作ろう(書く) 　名前

(1) つぎの 絵を 見て、書を かくことば 3つ 書きましょう。

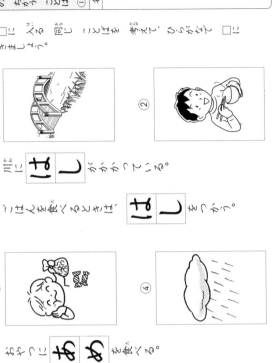

(れい)
たんぽぽ
さくら
つくし

(2) つぎの ことばを つかって、書を かくことば 文を 作りましょう。

① 【なの花・さく】
(れい) 川の ちかくで なの花が さく。

② 【ひな人形・かざる】
(れい) 妹と ひな人形を かざる。

123

本書の解答は、あくまでもひとつの例です。児童に取り組ませる前に、必ず指導される方が問題を解いてください。指導される方の作られた解答をもとに、児童の多様な考えに寄り添って○つけをお願いします。

解答例

かんさつした ことを 書こう ②　名前

● メモを 見て、〔 〕に あてはまる ことばを 入れて、かんさつカードを 書きましょう。

六月二十三日（木曜日）

〔はっぱ〕の 上にいる
〔カタツムリ〕を みつけ
ました。からは うずまき
もようで、さわると〔かたい〕
です。大きさは〔五百円玉〕
くらいでした。うごきは
とても〔ゆっくり〕でした。

106頁（107頁は器）

108頁

日記を 書こう ②　名前

● 絵を 見て、〔 〕に あてはまる ことばを 入れて、日記を 書きましょう。

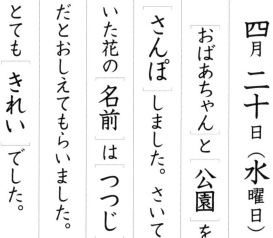

四月二十日（水曜日）

おばあちゃんと〔公園〕を
〔さんぽ〕しました。さいて
いた花の〔名前〕は〔つつじ〕
だとおしえてもらいました。
とても〔きれい〕でした。

104頁（105頁は器）

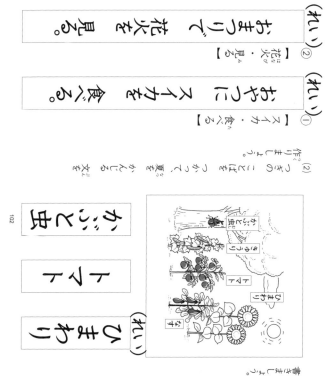

〔れい〕②
おまつりで花火を見る。
【見る・花火】

〔れい〕①
おまつりでスイカを食べる。
【食べる・スイカ】

102頁（103頁は器）

解答例

本書の解答は、あくまでもひとつの例です。児童に取り組ませる前に、必ず指導される方が問題を解いてください。指導される方が作られた解答をもとに、児童の多様な考えに寄り添って○つけをお願いします。

109頁

うつかれしんたい 文(ことば)作りを② 名前

(1) つぎの ばめんでは どんな ことばが あてはまりますか。□から えらんで □に 書きましょう。

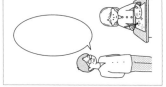

・上手だね
・ありがとう
・だいじょうぶ
・いっしょにあそぼう

・つぎだしの ことば → 上手だね。

(2) (1)で えらんだ ことばを 入れて、文しょうを 書きましょう。

休みじかんに絵をかいていると、先生が近くにきて、「上手だね。」と言ってくれました。

110頁

うつかれしんたい 文(ことば)作りを③ 名前

(1) つぎの ばめんでは どんな ことばが あてはまりますか。□から えらんで □に 書きましょう。

・ありがとう
・だいじょうぶ
・いっしょにあそぼう

・つぎだしの ことば → いっしょにあそぼう。

(2) (1)で えらんだ ことばを 入れて、文しょうを 書きましょう。

休みじかんに一人でいてつまらそうにしていたら、クラスの友だちが、「いっしょにあそぼう。」とさそってくれました。

111頁

うつかれしんたい 文(ことば)作りを④ 名前

(1) つぎの ばめんでは どんな ことばが あてはまりますか。□から えらんで □に 書きましょう。

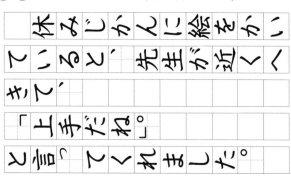

・ありがとう
・だいじょうぶ
・いっしょにあそぼう

・つぎだしの ことば → ありがとう。

(2) (1)で えらんだ ことばを 入れて、文しょうを 書きましょう。

家で せんたくものを たたんでいると、お母さんが、「ありがとう。」と言ってくれました。

112頁

かたかなで書くことばを 文作りを① 名前

【どうぶつのかき方】

● つぎのことばを つかって、文を作りましょう。

① ピョンピョン

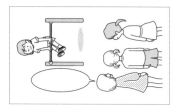

かえるが ピョンピョンと はねている。

② ワンワン

犬が ワンワンと ほえている。

③ ニャーニャー

(れい)ねこが ニャーニャーと ないている。

④ コケコッコー

(れい)にわとりが コケコッコーと ないている。

125

解答例

115頁

● 【食べもの】
つぎの かたかなの ことばを つかって、文を 作りましょう。

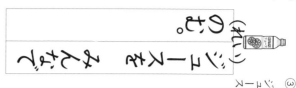

④ （れい）朝に バナナを 食べる。

③ （れい）ジュースを のむ。

② （れい）たん生日に ケーキを 食べる。

① （れい）サラダに マヨネーズを かける。

116頁

● 【外国の 国や 土地の 名前】
つぎの かたかなの ことばを つかって、文を 作りましょう。

④ （れい）わたしは ニューヨークに 行ったです。

③ （れい）夏休みに イギリスへ 行く。

② （れい）フランスの おみやげを もらった。

① （れい）兄が アメリカへ 行く。

113頁

● 【いきものの音】
つぎの かたかなの ことばを つかって、文を 作りましょう。

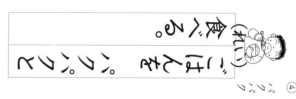

④ （れい）ごはんを パクパクと 食べる。

② （れい）水を ゴクゴクと のむ。

② （れい）犬が ワンワンと なく。

① （れい）ひよこが コロコロと なく。

114頁

● 【外国の 国の 名前】
つぎの かたかなの ことばを つかって、文を 作りましょう。

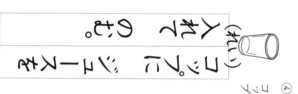

④ （れい）コップに ジュースを 入れる。

③ （れい）テーブルを ふく。

② （れい）わたしは クレヨンで 絵を かく。

① （れい）わたしは ピアノを ひく。

解答例 本書の解答は、あくまでもひとつの例です。児童に取り組ませる前に、必ず指導される方が問題を解いてください。指導される方の作られた解答をもとに、児童の多様な考えに寄り添って○つけをお願いします。

117頁

ことばあそびを しよう ①　名前

● （れい）の ように あ・い・う の ことばから はじまる 文を 作りましょう。じぶんで かんがえたり ①〜③の ことばを つかって 作りましょう。

〔れい〕

あ	兄に
い	ごはんを
う	上に

あ	兄が
い	ごはんの
う	上にする

（れい）

あ	朝、おきて
い	いつも 弟と
う	うんどうする。

① あ 兄に　い 妹を　う うった
② あ 朝顔　い ごはん　う うれしい
③ あ 朝　い いつも　う うんどう

117

118頁

ことばあそびを しよう ②　名前

● （れい）の ように あ・か・さ の ことばから はじまる 文を 作りましょう。じぶんで かんがえたり ①〜③の ことばを つかって 作りましょう。

〔れい〕

あ	雨が
か	かさ
さ	さんぽ

あ	雨がふったので
か	かさをもって
さ	さんぽをした。

（れい）

あ	あしたの お昼に
か	川の 近くの
さ	さくらを 見に 行きます。

① あ 朝　か かばん　さ さくら
② あ おした　か 川と　さ さくら
③ あ 姉　か 買い物　さ さんぽ

118

119頁

かたかなの ことばと かん字を つかった 文を 作ろう ①　名前

● □の ことばは「教科」の なかまの ことばです。
（れい）の ように □の ことばを つかって すきな 教科を しょうかいする 文を 作りましょう。

【教科】
・国語　・算数　・音楽
・体いく　・ずこう　・せいかつ

$3 + 5 = 8$

〔れい〕 ① すきな 教科を 書きます。

わたしは 音楽が すきです。

② つぎに その りゆうを 書きます。

なぜなら うたを うたうのが 楽しいからです。

(1) ① すきな 教科を 書きます。

（れい） わたしは 算数が すきです。

② つぎに その りゆうを 書きます。

（れい） なぜなら か算が とくいだからです。

119

120頁

かたかなの ことばと かん字を つかった 文を 作ろう ②　名前

● □の ことばは「天気」の なかまの ことばです。
（れい）の ように □の ことばを つかって すきな 天気を しょうかいする 文を 作りましょう。

【天気】
・晴れ　・くもり
・雨　・雪

〔れい〕 ① すきな 天気を 書きます。

わたしは 雪が すきです。

② つぎに その りゆうを 書きます。

なぜなら 雪だるまを 作って あそびたいからです。

(1) ① すきな 天気を 書きます。

（れい） わたしは 晴れが すきです。

② つぎに その りゆうを 書きます。

（れい） なぜなら 外で いっぱい あそべるからです。

120

127

喜楽研の支援教育シリーズ
もっと ゆっくり ていねいに学べる

作文ワーク 基礎編 2-①「読む・写す・書く」

個別指導に最適

光村図書・東京書籍・教育出版の
教科書教材より抜粋

2023 年 4 月 2 日

イ ラ ス ト： 山口 亜耶・浅野 順子・日向 博子・白川 えみ 他

表紙イラスト： 鹿川 美佳

表紙デザイン： エガオデザイン

企画・編著： 原田 善造・あおい えむ・堀越 じゅん・和田 莉奈・今井 はじめ
　　　　　　 さくら りこ・中 あみ・中田 こういち・なむら じゅん
　　　　　　 はせ みう・ほしの ひかり・みやま りょう (他4名)

編 集 担 当： 岡口 洋輔・田上 優衣・長谷川 佐知子

発　行　者： 岸本 なおこ

発　行　所： 喜楽研 (わかる喜び学ぶ楽しさを創造する教育研究所：略称)
　　　　　　 〒604-0827 京都府京都市中京区高倉通二条下ル瓦町 543-1
　　　　　　 TEL 075-213-7701　　FAX 075-213-7706　　HP https://www.kirakuken.co.jp

印　　　刷： 株式会社米谷

ISBN：978-4-86277-435-4

喜楽研 WEB サイト
書籍の最新情報 (正誤表含む) は
喜楽研 WEB サイトをご覧下さい。